12 1939 | SEGUNDA
1945 | GUERRA MUNDIAL

DEFEND
YOUR COUNTRY
ENLIST NOW in the
UNITED STATES ARMY

7-XII-1941

PEARL HARBOR
EL DÍA DE LA INFAMIA

LAS DOS OLEADAS DEL ATAQUE JAPONÉS

SEGUNDA GUERRA MUNDIAL | 1939-1945
Las claves de la mayor contienda de la Historia

biblioteca EL MUNDO

Una producción para
Grupo Unidad Editorial S.A.
Presidenta: Carmen Iglesias
Consejero delegado: Antonio Fernández-Galiano
Director general editorial: Pedro J. Ramírez
Editor: Juan Carlos Laviana
Director de marketing: Pedro Iglesias

Edición
Centro Editor PDA, S. L.

Realización Editorial
Multiactiva Creación y Servicios Editoriales, S.L.

Diseño de cubiertas e interiores
ZAC diseño gráfico

Contenidos
Galland Books SLNE. Director: Lucas Molina
Director adjunto: Jorge Fernández-Coppel
Coordinador general: Juan Vázquez
Coordinador adjunto: Juan Carlos Salgado
Centro Editor PDA, S. L.
Textos de Gabriel Cardona y Juan Carlos Losada

Cartografía
quup comunicación

Ilustraciones
Julio L. Caeiro, Rodrigo Hernández, Acción Press, Osprey Publishing

Fotografías
Galland Books SLNE, Francisco Javier del Campo, Juan Vázquez, Hulton Archive/Getty Images, Time & Life Pictures/Getty Images, Popperfoto/Getty Images, Roger Viollet/Getty Images, Getty/Images, Album/Akg Images, Album/Imperial War Museum, DeA Picture Library, Bettmann/Corbis, Editis, Corbis, 20th Century Fox/Album, Keystone/Getty Images, Album/dpa, AGE Fotostock, Columbia Pictures/Album, Topham/Cordon Press, Warner Bross/Album, The Art Archive

Textos
Gabriel Cardona, Rafael A. Permuy López
Recuadros: Gabriel Cardona [G.C.], Rafael A. Permuy López [R.P.], Beatriz Krayenbuhl (traductora) [B.K.], Juan Carlos Losada [J.C.L.], Manuel Ros [M.R.], José Miguel Sales [J.M.S.], Juan Vázquez [J.V.]

Infografías-Informes Visuales
Planeta: Martín Bustamante (p.94, p.107), Laura Burstein (p.30, p.51), Matías Costilla (p.65, p.116), Fernando San Martín (p.79, p.130)

Impresión
Orymu

ISBN Obra completa: 978-84-674-7542-5
ISBN Volumen 12: 978-84-674-7554-8
Depósito legal: M-28791-2009

Impreso en España-Printed in Spain

Imagen de cubierta: Ataque aéreo de la armada imperial japonesa a la base naval de Pearl Harbor el 7 de diciembre de 1941.

Imagen de página 2: Este cartel de finales de 1940 invita a los ciudadanos a enrolarse en el ejército de los Estados Unidos de América. El Tío Sam se despoja de su vistosa chaqueta, dispuesto a pelear.

SUMARIO

MI ENCUENTRO CON ROOSEVELT

Sir WINSTON CHURCHILL

Mientras tanto, muchas cosas habían cambiado en el mundo de habla inglesa. A mediados de julio Harry Hopkins llegó a Gran Bretaña con la segunda misión que le encomendaba el presidente. De lo primero que me habló fue de la nueva situación creada por la invasión de Hitler a Rusia y de las consecuencias sobre todos los suministros del préstamo y arriendo procedentes de Estados Unidos con los que contábamos. En segundo lugar, un general estadounidense, al que se le brindaron todas las facilidades para llevar a cabo una inspección, había redactado un informe en el que dudaba de nuestra capacidad para resistir una invasión, por lo que el presidente estaba bastante preocupado. En tercer lugar, y como consecuencia de lo anterior, habían aumentado los recelos del presidente sobre la conveniencia de que tratáramos de defender Egipto y Oriente Próximo. ¿No corríamos el riesgo de perderlo todo por querer abarcar mucho? Por último, quedaba la cuestión de organizar un encuentro entre Roosevelt y yo, de alguna manera, en algún lugar, pronto.

Esta vez Hopkins no estaba solo. Había en Londres una cantidad de altos oficiales del Ejército y la Armada estadounidenses aparentemente preocupados por el préstamo y arriendo, y sobre todo el almirante Ghormley, que todos los días trabajaba en el Almirantazgo sobre el problema atlántico y la participación estadounidense para solucionarlo. Me reuní con el círculo de Hopkins y los jefes del Estado Mayor la noche del veinticuatro de julio en el número 10 de Downing Street. Aparte del almirante Ghormley, Hopkins vino acompañado por el general de brigada Chaney, que recibía el nombre de «observador especial», y por el general de brigada Lee, el agregado militar estadounidense. Completaba el grupo Averell Harriman, que acababa de regresar de su visita a Egipto, en la que, siguiendo mis instrucciones, se lo habían enseñado todo.

ACUERDO EN ALTA MAR. Franklin D. Roosevelt (izquierda) y Winston Churchill junto con los almirantes E. J. King (izquierda) y Harold R. Stark, a bordo del 'Prince of Wales' el 12 de agosto de 1941, durante la firma de la Carta del Atlántico, que estableció los principios de colaboración entre Gran Bretaña y Estados Unidos.

Hopkins dijo que los «estadounidenses que ocupaban los cargos principales y tomaban decisiones sobre temas relacionados con la defensa» eran de la opinión de que Oriente Próximo era una posición indefendible para el imperio británico y que se estaban haciendo grandes sacrificios para mantenerla. Opinaban que la batalla del Atlántico sería la batalla definitiva de la guerra y que en ella había que concentrarlo todo. Dijo que el presidente estaba más dispuesto a apoyar la lucha en Oriente Próximo porque había que combatir al enemigo donde se encontrara. Entonces, el general Chaney planteó los cuatro problemas del imperio británico en el siguiente orden: la defensa del Reino Unido y las rutas atlánticas; la defensa de Singapur y las rutas marítimas hasta Australia y Nueva Zelanda; la defensa de las rutas oceánicas en general y, en cuarto lugar, la defensa de Oriente Próximo. Todos eran importantes, pero ése era el orden que tenían para él. El general Lee estuvo de acuerdo con el general Chaney. Al almirante Ghormley le preocupaba la línea de suministro a Oriente Próximo si había que enviar allí municiones estadounidenses en grandes cantidades. ¿No debilitaría esto la batalla del Atlántico?

LOS ESTADOUNIDENSES OPINABAN QUE LA BATALLA DEL ATLÁNTICO SERÍA LA BATALLA DEFINITIVA DE LA GUERRA Y QUE EN ELLA HABÍA QUE CONCENTRARLO TODO

Entonces les pedí su opinión a los jefes del Estado Mayor británico. El Primer Lord del Mar explicó por qué tenía más confianza en destruir a un ejército invasor ese año que el anterior. El jefe del Estado Mayor de la Fuerza Aérea dijo que la Fuerza Aérea británica era mucho más fuerte en comparación con la alemana que en el mes de septiembre anterior, y que acabábamos de incrementar nuestra capacidad de azotar los puertos en una invasión. El jefe del Estado Mayor del Imperio también habló con seguridad y dijo que el Ejército era muchísimo más fuerte entonces que en el mes de septiembre anterior. Interrumpí para explicar las medidas especiales que habíamos tomado para defender los aeródromos después de las lecciones que aprendimos en Creta, e invité a nuestros huéspedes a visitar cualquier aeródromo que quisieran. «El enemigo puede usar gases, lo que irá en su propio detrimento, ya que hemos organizado una represalia inmediata y tendríamos unos blancos concentrados magníficos en cualquier lugar de la costa donde se instale. Además, también llevaríamos la guerra con gases a su propio país.» Entonces le pedí a Dill que hablara sobre Oriente Próximo, de modo que hizo una vehemente exposición de algunos de los motivos por los que era necesario que permaneciéramos allí.

Al final de la reunión tuve la impresión de que nuestros amigos estadounidenses quedaron convencidos por nuestras declaraciones e impresionados por la solidaridad que había entre nosotros.

Sin embargo, la confianza que sentíamos con respecto a la defensa nacional no se aplicaba al Lejano Oriente en caso de que Japón nos declarara la guerra. Esto preocupaba también a sir John Dill. Me dio la impresión de que para él era más importante Singapur que El Cairo, lo que era, sin duda, una cuestión tan trágica como tener que elegir entre que maten a tu hijo o a tu hija. Por mi parte, no creía que nada de lo que ocurriera en Malasia sería ni una quinta parte de la pérdida de Egipto, el canal de Suez y Oriente Próximo. No estaba dispuesto a tolerar la idea de abandonar la lucha por Egipto y estaba resignado a pagar el precio que hiciera falta en Malasia, una opinión que también compartían mis colegas.

Una tarde, Harry Hopkins vino al jardín de Downing Street y nos sentamos juntos a tomar el sol. Entonces me dijo que al presidente le gustaría mucho entrevistarse conmigo en alguna bahía solitaria. De inmediato le respondí que estaba seguro de que el gabinete me daría autorización, de modo que se dispuso todo enseguida. Se eligió la bahía de Placentia, en la isla de Terranova; se fijó la fecha del nueve de agosto y se dieron las órdenes correspondientes a nuestro acorazado más nuevo, el *Prince of Wales.* Tenía mucho interés en conocer a Roosevelt, con el que mantenía una correspondencia cada vez más íntima desde hacía casi dos años. Asimismo, una conferencia entre ambos proclamaría la asociación cada vez más estrecha entre Gran Bretaña y Estados Unidos, preocuparía a nuestros enemigos, haría reflexionar a Japón y alegraría a nuestros amigos. Además, había muchas cosas que decidir con respecto a la intervención estadounidense en el Atlántico, la ayuda a Rusia, nuestros propios suministros y, sobre todo, la creciente amenaza de Japón.

Llevé conmigo a sir Alexander Cadogan, del Ministerio de Asuntos Exteriores, a lord Cherwell, a los coroneles Hollis y Jacob, de la Oficina de Defensa, y a mi equipo personal. Además, había una cantidad de altos funcionarios de las ramas técnicas y administrativas y la División de Planes. El presidente anunció que llevaría consigo a los jefes de las fuerzas militares de Estados Unidos y a Sumner Welles, del Ministerio de Asuntos Exteriores. Era imprescindible guardar el máximo secreto por la gran cantidad de submarinos alemanes que había entonces en el Atlántico septentrional, de modo que el presidente, que aparentemente hacía un viaje de vacaciones, transbordó en el mar al crucero *Augusta*, dejando atrás su velero como tapadera. Mientras tanto, Harry Hopkins, aunque no se encontraba nada bien, obtuvo la autorización de Roosevelt para volar a Moscú, haciendo un viaje largo, fatigoso y peligroso a través de Noruega, Suecia y Finlandia para conocer directamente de boca de Stalin la posición soviética y sus necesidades. Se incorporaría al *Prince of Wales* en Scapa Flow […].

EL PRESIDENTE ROOSEVELT ME DIJO QUE LE PARECÍA BIEN QUE HICIÉRAMOS UNA DECLARACIÓN CONJUNTA MANIFESTANDO CIERTOS PRINCIPIOS BÁSICOS

Llegamos al punto de encuentro a las nueve de la mañana del sábado nueve de agosto, y en cuanto se intercambiaron los saludos navales de rigor subí a bordo del *Augusta* y saludé al presidente Roosevelt, que me recibió con todos los honores. Permaneció de pie, apoyado en el brazo de su hijo Elliott, mientras tocaban los himnos nacionales, y después me dio la más cálida bienvenida. Le entregué una carta del rey y le presenté a los miembros de mi comitiva. Entonces comenzaron las conversaciones entre el presidente y yo, Sumner Welles y sir Alexander Cadogan, y los oficiales del Estado Mayor de los dos países, que se prolongaron de forma más o menos continua durante los demás días de nuestra visita, a veces de dos en dos, otras veces en amplias conferencias.

El domingo diez de agosto por la mañana Roosevelt subió a bordo del *Prince of Wales* y, acompañado por sus oficiales del Estado Mayor y varios centenares de representantes de todos los rangos de la Armada y la Infantería de Marina de Estados Unidos, asistió al oficio divino sobre el alcázar. Todos sentimos que este acto fue una expresión profundamente conmovedora de la fe que compartíamos los dos pueblos y ninguno de los que participamos en él olvidaremos el espectáculo de esa mañana de sol sobre el multitudinario alcázar: el simbolismo de las banderas de los dos países juntas en el púlpito; el capellán estadounidense y el británico compartiendo la lectura de las oraciones; los máximos oficiales del Ejército, la Armada y la Fuerza Aérea de Gran Bretaña y Estados Unidos reunidos como un solo cuerpo detrás del presidente y de mí; y los marineros apiñados de los dos países, todos mezclados, compartiendo los mismos libros y uniéndose a las oraciones y los himnos que todos conocíamos.

Yo mismo elegí los himnos: «Para los que corren peligro en el mar» y «Adelante, soldados cristianos». Y para terminar, «Dios mío, nuestra ayuda de antaño». Cada palabra parecía conmovernos. Fue un momento espléndido. Casi la mitad de los que estaban allí morirían muy pronto.

En una de nuestras primeras conversaciones, el presidente Roosevelt me dijo que le parecía bien que hiciéramos una declaración conjunta manifestando ciertos principios básicos que deberían orientar nuestras políticas por el mismo camino. Para seguir esta sugerencia tan útil, ese mismo domingo le entregué un borrador tentativo de dicha declaración y, después de discutirlo mucho entre nosotros y del debate telegráfico con el gabinete de Guerra en Londres, presentamos el siguiente documento:

> DECLARACIÓN CONJUNTA DEL PRESIDENTE
> Y EL PRIMER MINISTRO
>
> 12 de agosto de 1941
>
> Reunidos el presidente de Estados Unidos y el primer ministro, el señor Churchill, en representación del gobierno de Su Majestad en el Reino Unido, consideran oportuno dar a conocer ciertos principios comu-

nes a las políticas nacionales de sus respectivos países en los que basan sus esperanzas de un futuro mejor para el mundo.

Primero, que sus países no pretenden su engrandecimiento, ni territorial ni de ningún otro tipo.

Segundo, que no desean ver cambios territoriales que no coincidan con los deseos expresados libremente por los pueblos correspondientes.

Tercero, que respetan el derecho de todos los pueblos de elegir la forma de gobierno bajo la que quieren vivir, y desean que recuperen la soberanía y el autogobierno aquellos que han sido privados de ellos por la fuerza.

Cuarto, que intentarán por todos los medios, con el debido respeto a sus obligaciones actuales, que todas las naciones, grandes o pequeñas, vencedoras o vencidas, disfruten de acceso, en igualdad de condiciones, al comercio y a las materias primas del mundo que necesiten para su prosperidad económica.

EL MERO HECHO DE QUE ESTADOS UNIDOS SE UNIERA A UNA POTENCIA BELIGERANTE PARA HACER UNA DECLARACIÓN DE ESTE TIPO RESULTABA INSÓLITO

Quinto, que desean alcanzar la máxima colaboración entre todas las naciones en el ámbito económico, a fin de asegurar para todos una mejora de las condiciones laborales, el desarrollo económico y garantías sociales.

Sexto, que después de la destrucción definitiva de la tiranía nazi esperan que se establezca una paz que otorgue a todas las naciones los medios para vivir seguras dentro de sus propios límites y que les brinde la tranquilidad de que todos los hombres del mundo vivan sin temores ni necesidades.

Séptimo, que dicha paz debería permitir que todos los hombres atraviesen los mares y los océanos sin ningún impedimento.

Octavo, que creen que todas las naciones del mundo, por motivos tanto realistas como espirituales, deben dejar de lado el uso de la fuerza. Puesto que no se puede mantener una paz futura si hay naciones que amenazan o pueden amenazar con agresiones fuera de sus fronteras y siguen utilizando armamentos terrestres, marítimos o aéreos, creen que es fundamental el desarme de dichas naciones en función del establecimiento de un sistema más amplio y permanente de seguridad general. Asimismo, colaborarán e incentivarán todas las demás medidas prácticas que aligeren para los pueblos amantes de la paz la apabullante carga de los armamentos.

La importancia profunda y duradera de lo que se dio en llamar la «Carta del Atlántico» fue evidente. El mero hecho de que Estados Unidos, que técnicamente seguía siendo un país neutral, se uniera a una potencia beligerante para hacer una declaración de este tipo resultaba insólito. Incluir en ella una referencia a «la destrucción definitiva de la tiranía nazi» (basada en una frase que aparecía en mi borrador original) equivalía a un desafío que, en circunstancias normales, habría supuesto una acción bélica. Por último, el elemento no menos sorprendente era el realismo del último párrafo, donde aparecía un indicio fuerte y claro de que, después de la guerra, Estados Unidos se uniría a nosotros para supervisar el mundo hasta que se estableciera un orden mejor.

Tuvieron lugar constantes conferencias entre los jefes navales y militares que llegaron a amplios acuerdos entre ellos. Teníamos muy presente la amenaza del Lejano Oriente. Hacía meses que el gobierno británico y el estadounidense manifestaban una conducta similar respecto a Japón. A finales de julio los japoneses habían acabado la ocupación militar de Indochina. Con este acto de flagrante agresión colocaron sus fuerzas a punto para atacar a los británicos en Malasia, a los estadounidenses en Filipinas y a los holandeses en sus colonias de Indonesia. El veinticuatro de julio el presidente le pidió al gobierno japonés que, como anticipo de un acuerdo general, neutralizara Indochina y retirara las tropas japonesas. Para reforzar estas propuestas se emitió una orden ejecutiva que congeló todos los bienes japoneses en Estados Unidos, con lo que se paralizó todo el comercio. El gobierno británico emprendió una acción simultánea y, dos días después, los holandeses hicieron lo mismo. La incorporación de los Países Bajos hizo que, de pronto, Japón se quedara sin su vital suministro de petróleo.

[...]

Domingo siete de diciembre de 1941, por la noche. Winant, Averell Harriman y yo estábamos sentados a la mesa en Chequers. Encendí el pequeño aparato de radio poco después de que comenzaran las noticias de las nueve. Mencionaron varios temas relacionados con los combates en el frente ruso y en el frente británico de Libia, al final de los cuales dijeron unas cuantas frases acerca de un ataque japonés a los barcos estadounidenses en Hawai y también hablaron de ataques japoneses a barcos británicos en las colonias holandesas de Indonesia. Dijeron que después de las noticias alguien haría un comentario y que a continuación vendría un programa de preguntas, o algo así. A mí personalmente no me impresionó, pero Averell dijo que era extraño que los japoneses hubieran atacado a Estados Unidos y, aunque estábamos cansados, nos quedamos allí. Entonces entró en la habitación el mayordomo, Sawyers, que había oído lo que había pasado. «Es cierto. Lo hemos oído fuera. Los japoneses han atacado a Estados Unidos.» Se hizo silencio. En la comida que tuvo lugar en Mansion House el once de noviembre dije que si Japón atacaba a Estados Unidos, Gran Bretaña le declararía la guerra «en menos de una hora». Me levanté de la mesa y atravesé el vestíbulo en dirección al despacho, que no paraba nunca de trabajar. Pedí que me comunicaran con el presidente. El embajador me siguió; imaginándose que iba a dar un paso irrevocable me dijo: «¿No le parece que sería mejor confirmarlo antes?».

Al cabo de dos o tres minutos tenía a Roosevelt al aparato. «Señor presidente, ¿qué pasa con Japón?». «Es cierto —respondió—. Nos han atacado en Pearl Harbor. Ahora estamos todos en el mismo barco.» Le pasé el teléfono a Winant y siguieron conversando. El embajador al principio decía: «Bien», «bien», y después, aparentemente más serio, «¡Ah!». Volví a ponerme y le dije: «Sin duda, esto lo simplifica todo. Dios lo bendiga», o algo así. Entonces regresamos al vestíbulo y tratamos de amoldar nuestros pensamientos a este hecho mundial tan importante que acababa de ocurrir, tan alarmante que nos dejó sin respiración incluso a los que estábamos en el meollo de la situación. Mis dos amigos estadounidenses recibieron el golpe con una fortaleza increíble. No teníamos idea de que la Marina de Estados Unidos hubiera sufrido graves pérdidas. Ellos no lloraron ni se lamentaron de que su país estuviera en guerra. No desperdiciaron palabras en reproches ni en enfados. De hecho, casi se podría haber pensado que les habían librado de un dolor que sufrían desde hacía tiempo.

NINGÚN ESTADOUNIDENSE PENSARÁ MAL DE MÍ SI PROCLAMO QUE EL HECHO DE TENER A ESTADOS UNIDOS DE NUESTRA PARTE ME PRODUJO UNA GRAN SATISFACCIÓN

El Parlamento no tenía previsto reunirse hasta el martes, de modo que los parlamentarios estaban dispersos por toda la isla, con todas las dificultades de comunicación que había. Encargué al despacho que se pusiera a llamar al presidente de la Cámara, a los jefes de los grupos parlamentarios y a todos los demás a fin de convocar a ambas cámaras para el día siguiente. Llamé al Ministerio de Asuntos Exteriores para que se preparara para efectuar sin demora una declaración de guerra a Japón, con respecto a la que había que cumplir ciertas formalidades y tenerla lista para la sesión de la Cámara, y para que se asegurara de convocar e informar a todos los miembros del gabinete de Guerra, así como también a los jefes del Estado Mayor y los ministros de las Fuerzas Armadas que, como suponía, ya se habían enterado de la noticia.

Ningún estadounidense pensará mal de mí si proclamo que el hecho de tener a Estados Unidos de nuestra parte me produjo una gran satisfacción. No podía predecir el curso de los acontecimientos. No pretendo haber medido exactamente el poderío militar de Japón, pero en ese momento sabía que Estados Unidos estaba metido en la guerra, hasta el cuello y hasta la muerte. ¡De modo que al final habíamos triunfado! Sí, después de Dunkerque, después de la caída de Francia, después del horrible episodio de Orán, después de la amenaza de invasión cuando, dejando aparte a la Fuerza Aérea y a la Armada, estábamos casi desarmados, después de la lucha a muerte de la guerra de submarinos (la primera batalla del Atlántico, que se ganó por tan poco), después de diecisiete meses de combates en solitario y de diecinueve meses desde que asumí la responsabilidad en esta situación desesperada. Habíamos ganado la guerra. Inglaterra viviría; Gran Bretaña viviría; la Comunidad Británica de Naciones y el imperio vivirían. Cuánto duraría la guerra ni cómo acabaría nadie podía decirlo, ni tampoco importaba en ese momento. Una vez más, en la larga historia de nuestra isla, saldríamos vapuleados o mutilados tal vez, pero a salvo y victoriosos. No nos borrarían. Nuestra historia no se acabaría. Puede que ni siquiera tuviéramos que morir como individuos.

EL DESTINO DE HITLER ESTABA ESCRITO. EL DESTINO DE MUSSOLINI ESTABA ESCRITO. EN CUANTO A LOS JAPONESES, QUEDARÍAN REDUCIDOS A POLVO

El destino de Hitler estaba escrito. El destino de Mussolini estaba escrito. En cuanto a los japoneses, quedarían reducidos a polvo. Todo el resto no era más que la aplicación adecuada de una fuerza abrumadora. El imperio británico, la Unión Soviética y ahora Estados Unidos, compartiendo la vida y la fuerza que les quedaban eran, a mi entender, dos o incluso tres veces más fuertes que sus adversarios. Seguro que llevaría bastante tiempo. Yo esperaba que se produjeran unas pérdidas terribles en Oriente, pero todo esto no sería más que una fase transitoria. Unidos podríamos someter al resto del mundo. Teníamos por delante numerosos desastres, un coste y unas tribulaciones inconmensurables, pero ya no cabía ninguna duda de cómo acabaría todo.

Puede que los imbéciles, de los que había muchos, y no sólo en los países enemigos, despreciaran la fuerza de Estados Unidos. Algunos decían que eran blandos; otros, que jamás se nos sumarían, sino que seguirían haciendo el tonto desde lejos. Que jamás asumirían la situación; que no permitirían una sangría. Que su democracia y su sistema de elecciones recurrentes paralizarían su esfuerzo bélico. Que no serían más que una mancha borrosa en el horizonte, tanto para sus amigos como para sus enemigos. Ahora veríamos lo débil que era este pueblo numeroso aunque remoto, rico y hablador. Pero yo había estudiado la guerra de secesión estadounidense, donde lucharon hasta el último milímetro desesperadamente. Llevaba sangre estadounidense en las venas. Recordé un comentario que me había hecho Edward Grey hacía más de treinta años: que Estados Unidos es como «una caldera gigante. Cuando se le enciende debajo un fuego no tiene límites el poder que puede producir». Saturado y saciado de emociones y sensaciones me fui a la cama a dormir, agradecido, el sueño de los justos.

En cuanto me desperté decidí que tenía que ir a ver a Roosevelt en seguida. Presenté la cuestión al gabinete cuando nos reunimos a mediodía. Cuando obtuve su aprobación le escribí al rey, que dio su consentimiento.

El gabinete de Guerra autorizó la declaración inmediata de guerra a Japón, para la que se habían hecho todos los preparativos formales. Como Eden ya había partido de viaje hacia Moscú y yo estaba a cargo del Ministerio de Asuntos Exteriores, le envié la siguiente carta al embajador japonés:

> Ministerio de Asuntos Exteriores, 8 de diciembre
>
> Señor:
>
> El siete de diciembre por la noche el gobierno del Reino Unido se enteró de que las fuerzas japonesas, sin ninguna advertencia, ya sea en forma de una declaración de guerra o de un ultimátum con una declaración de guerra condicional, intentaron un desembarco en la costa de Malasia y bombardearon Singapur y Hong Kong.
>
> Ante semejantes actos de agresión no provocada, cometidos en flagrante violación del Derecho Internacional y en concreto del artículo 1 del Tercer Convenio de La Haya sobre el inicio de hostilidades, del que forman parte tanto Japón como el Reino Unido, el embajador de Su Majestad en Tokio ha recibido instrucciones de informar al gobierno de Japón, en nom-

bre del gobierno del Reino Unido de que nuestros dos países se encuentran en guerra.

Tengo el honor de ponerme, señor, con todo respeto, a sus órdenes.

WINSTON S. CHURCHILL

A algunos no les gustó este estilo tan ceremonioso pero, después de todo, si uno tiene que matar a alguien no cuesta nada ser amable.

El Parlamento se reunió a las tres de la tarde y, aunque se convocó con tan poca antelación, la Cámara estaba llena. Según la Constitución británica la corona declara la guerra por recomendación de los ministros, y se presenta este hecho al Parlamento. Por consiguiente, pudimos cumplir con creces lo que le prometimos a Estados Unidos y de hecho le declaramos la guerra a Japón antes de que interviniera el Congreso. El gobierno de los Países Bajos también hizo su declaración. Ambas Cámaras apoyaron la decisión de forma unánime.

Al principio no nos dieron detalles de lo ocurrido en Pearl Harbor, pero a estas alturas la historia lo ha registrado exhaustivamente. Hasta principios de 1941 el plan naval japonés de guerra contra Estados Unidos consistía en que su flota principal presentara batalla, en las aguas próximas a las Filipinas, donde los estadounidenses, como era de esperar, se abrían paso a través del Pacífico para relevar a las guarniciones que tenían en este puesto de avanzada. La idea de un ataque sorpresa a Pearl Harbor se le ocurrió al almirante Yamamoto, el comandante en jefe japonés. Los preparativos para este ataque a traición antes de declarar la guerra siguieron adelante con el máximo secreto, y el veintidós de noviembre se concentró la fuerza de ataque de seis portaaviones, con el apoyo de acorazados y cruceros, en un fondeadero poco frecuentado en las islas Kuriles, al norte de Japón. Ya se había fijado la fecha del ataque para el domingo siete de diciembre, y el veintiséis de noviembre (fecha de la longitud este) la fuerza zarpó al mando del almirante Nagumo. Manteniéndose lejos y al norte de Hawai, en medio de las nieblas y los vendavales de estas latitudes, Nagumo se acercó a su objetivo sin que lo descubrieran. Antes del amanecer de ese día fatídico se lanzó el ataque desde una posición situada a más de cuatrocientos kilómetros al norte de Pearl Harbor. Intervinieron trescientos sesenta aviones, que incluían bombarderos de todo tipo escoltados por cazas. La primera bomba cayó a las 7.55. Había en el puerto noventa y cuatro embarcaciones estadounidenses. Entre ellas, los ocho acorazados de la Flota del Pacífico fueron el objetivo principal. Afortunadamente, los portaaviones, con sus poderosas fuerzas de crucero, estaban cumpliendo misiones en otro lugar. A las diez, la batalla había concluido y el enemigo se retiró, dejando tras de sí una flota destrozada, oculta tras una cortina de fuego y humo, y la venganza de Estados Unidos. El acorazado *Arizona* había estallado; el *Oklahoma* se había volcado; el *West Virginia* y el *California* se habían hundido en su atracadero, y todos los demás acorazados, salvo el *Pennsylvania*, que se encontraba en dique seco, habían sufrido graves daños. Más de dos mil estadounidenses habían perdido la vida, y casi dos mil más resultaron heridos. El dominio del Pacífico había quedado en manos japonesas, y el equilibrio estratégico del mundo sufrió, de momento, un cambio fundamental [...].

Tanto Hitler como su Estado Mayor estaban atónitos. Jodl comenta en su juicio que Hitler «se presentó en mi sala de mapas [en Prusia Oriental] en mitad de la noche para darnos la noticia al mariscal de campo Keitel y a mí. Estaba totalmente sorprendido». Sin embargo, durante la mañana del ocho de diciembre dio órdenes a la Marina alemana de atacar las naves estadounidenses donde las encontraran.

Esto ocurrió tres días antes de que Alemania le declarara oficialmente la guerra a Estados Unidos.

Fragmentos de los capítulos II, *Mi encuentro con Roosevelt*, y IV, *¡Pearl Harbor!*, del Libro III *La gran alianza* (desde el domingo 7 de diciembre de 1941 en adelante). Memorias de Sir Winston Churchill *The Second World War*, edición de La Esfera de los Libros (2001).

LA SORPRESA DE PEARL HARBOR

"Ayer, 7 de diciembre de 1941, una fecha que pervivirá en la infamia, los Estados Unidos de América fueron sorpresiva y deliberadamente atacados por fuerzas navales y aéreas de Japón. Los Estados Unidos estaban en paz con esa nación y, a solicitud de Japón, estaban en conversaciones con su gobierno y su emperador buscando el mantenimiento de la paz en el Pacífico. [...] Como comandante en jefe del ejército y de la marina he ordenado que sean tomadas todas las medidas para nuestra defensa. [...] Le pido al Congreso declarar que, debido al cobarde ataque no provocado efectuado por Japón el domingo 7 de diciembre, existe un estado de guerra entre los Estados Unidos y el Imperio de Japón."

(Discurso de Roosevelt ante el Congreso, 8 de diciembre de 1941)

En 1929, los Estados Unidos se vieron conmocionados por el brusco derrumbamiento de su economía. La sorprendente caída de la bolsa de Nueva York provocó una crisis de intensidad desconocida y de repercusión mundial, que desacreditó al republicano Herbert Hoover, presidente desde el año anterior, que había prometido conservar e incrementar la prosperidad.

Quebraron los bancos, arruinando a millones de inversores, se paralizaron la agricultura, la industria y la construcción; el paro casi alcanzó a 15 millones de personas, muchos de los cuales llegaron de las zonas más deprimidas a las ciudades para recurrir a las instituciones de caridad, alojándose en barrios de chabolas y abrigándose con periódicos, mientras se extendía la violencia social.

Se presentó de cara a las elecciones de 1932 el candidato demócrata Franklin D. Roosevelt, que hizo bandera de su *new deal*, ofreciendo un "nuevo contrato" al país. Ganó en todos los estados

EL DÍA DE LA INFAMIA. El ataque japonés a la base estadounidense de Pearl Harbor perpetrado el 7 de diciembre de 1941 desencadenó la entrada en guerra de Estados Unidos. En la imagen, la estación aeronaval de Ford Island devastada tras los bombardeos.

menos seis, con un total de 23 millones de votos, frente a 16 millones de su oponente, Herbert Hoover, y tomó posesión de su cargo el 4 de marzo de 1933.

El 'New Deal'

El nuevo programa económico y social fue elaborado principalmente por los asesores presidenciales Raymond Moley, Rexford G. Tugwell y Adolph A. Berle. El primer *New Deal* duró desde 1933 a 1935 y se propuso devolver la confianza del país y reducir el paro. Ya en marzo de 1933, el nuevo presidente, mediante una ley de emergencia bancaria y otra económica, reabrió los bancos federales y creó un sistema de garantía estatal de depósitos para sanear la banca y restablecer los créditos. Creó también la dirección federal de ayudas urgentes, dirigida por Harry Hopkins, para conceder préstamos en efectivo a los estados más afectados por la depresión.

La agricultura recibió el amparo e impulso de la dirección de regulación agrícola, que concedió ayudas y créditos y limitó la producción de ciertas cosechas para estabilizar los precios, mientras el servicio de crédito a los agricultores refinanciaba las hipotecas de los pequeños propietarios agrarios.

Desde junio de 1933, la dirección para la recuperación nacional reguló el trabajo infantil, la negociación colectiva, las jornadas laborales y los salarios, así como la competencia empresarial. La bolsa fue regulada mediante la ley de valores de 27 de mayo de 1933, se devaluó el dólar y se abandonaron el patrón oro y la ley seca.

La lucha contra el desempleo fue impulsada desde la dirección de obras sociales, que promocionó una política de obras públicas, creándose también la corporación energética del valle Tennessee, que abarcó siete estados, transformando profundamente la región mediante obras hidráulicas, potenciación del regadío, construcción de fábricas de abonos y centrales eléctricas y fomento del turismo. El cuerpo civil de conservación empleó a millones de jóvenes en regeneración forestal, conservación de espacios naturales y lucha contra las plagas y epidemias.

EL 32º PRESIDENTE DE LOS ESTADOS UNIDOS. Los seguidores del futuro presidente Franklin D. Roosevelt durante un mitin celebrado en el transcurso la campaña electoral de 1932.

El segundo *New Deal* duró desde 1935 a 1938 y fue elaborado por Thomas Corcoran y Benjamin Cohen. Arrancó cuando ya el país había recuperado su confianza y Roosevelt había sido reelegido para un nuevo mandato, y encontró la oposición de los republicanos, que habían detenido algunas medidas, tachándolas de inconstitucionales. Se amplió la potestad del banco de la Reserva Federal sobre el sistema bancario, concediéndose subsidios a la agricultura que no erosionase los suelos. La dirección para la recolonización, que dirigió Rexford Tugwell, proporcionó ayudas a las familias pobres para crear cooperativas y asentarse en nuevas tierras. La dirección de obras públicas, en ocho años, empleó a ocho millones de personas y construyó numerosas autopistas, puentes, aeropuertos, parques y edificios públicos. El Plan Federal de las Artes dio trabajo a escritores y artistas, mientras la Dirección Nacional de la Juventud proporcionaba empleos temporales a los estudiantes. La ley Wagner estableció la negociación colectiva y permitió la sindicación masiva de los trabajadores industriales, mientras otras leyes implantaban pensiones de vejez y viudedad, subsidios de desempleo y seguros por incapacidad, el salario mínimo y la jornada de 40 horas semanales.

Roosevelt personificó las aspiraciones sociales de la nación y confió el *New Deal* a un grupo de políticos progresistas, que creían en la economía de mercado, pero también que una catástrofe como la de 1929 requería una respuesta potente y decidida del poder público, que no podía permanecer al margen.

Algunas de sus medidas tuvieron resultado inmediato, aunque los republicanos insistían en que el gobierno perjudicaba a la libre empresa y destruía el espíritu norteamericano. Los altos impuestos a los ricos y las ayudas a los pobres repudiaban el puro liberalismo, pero el crecimiento general del nivel de vida no retardó sino que impulsó el comercio norteamericano.

No se alcanzaron todos los objetivos, pero en siete años se recuperaron los antiguos niveles de la economía norteamericana. Desde agosto de 1937, la economía sufrió una nueva inflexión, que amenazó lo conseguido, y Roosevelt reaccionó siguiendo los consejos de los miembros más progresistas de su equipo: redujo el valor del dinero e incrementó el gasto público. No obstante, en 1939, había 10 millones de parados, aunque protegidos por una cobertura social superior a la de 1929-1933.

Los republicanos argumentaron que el *New Deal* era una política socialista, que traicionaba la libertad, mientras la izquierda reprochaba la falta de método y la frustración de una oportunidad histórica. El prestigio de Roosevelt se deterioró por su larga batalla para nombrar jueces progresistas para el Tribunal Supremo y la serie de huelgas de 1936 y 1937. Los republicanos avanzaron seriamente en las elecciones de 1939 para ambas cámaras. A pesar de todo, el *New Deal* había supuesto una revolución institucional y una radical innovación administrativa. Incrementó seriamente la renta agraria, palió la pobreza rural, electrificó el campo, potenció los sindicatos, favoreció a las minorías y los marginados y puso las bases del estado del bienestar.

El pleito con Japón

En la escena internacional, las tropas niponas habían invadido Manchuria en 1931 y creado el estado de Manchukuo en 1932, convertido en imperio en 1934. La invasión había provocado la indignación de Henry L. Stimson, secretario de Estado norteamericano, quien advirtió que su país no reconocería al estado manchú y acusó a Japón de violar el pacto Briand-Kellogg de 1928, ya trasgredido por la URSS al atacar a China en 1929.

LARGAS COLAS DE DESEMPLEADOS NORTEAMERICANOS, que intentan conseguir trabajo, en una imagen captada en 1930. El 'crash' de 1929 y la Gran Depresión elevaron las tasas de paro norteamericanas a límites nunca vistos hasta entonces.

Stimson soportaba presiones muy intensas de los industriales y comerciantes norteamericanos que necesitaban nuevos mercados. China era un cliente potencial que Japón se encargaba de vetar. No obstante, el presidente Hoover no atendió a la petición de sancionar o embargar a los japoneses.

EL JOVEN EMPERADOR JAPONÉS HIROHITO posa para un retrato oficial luciendo el uniforme de gala del ejército nipón.

A finales de 1934, Tokio anunció que no respetaría los márgenes establecidos en el tratado naval de Washington de 1921 e incrementaría el potencial de su marina de guerra, a lo que Estados Unidos respondió incrementando la suya hasta el límite establecido en el tratado. El problema no se detuvo sino que se acrecentó en 1937, cuando las tropas japonesas invadieron el norte de China y, en 1938, el primer ministro Konoe proclamó la instauración de un "nuevo orden" en Asia oriental.

Roosevelt fue más sensible al problema que su antecesor y, en julio de 1937, comenzó a planear un bloqueo anglo-norteamericano a los productos nipones, enviando a tal efecto una misión a Londres en enero de 1938. En marzo de 1939, Edward Frederick Lindley Wood, lord Halifax, ministro británico de Exteriores, solicitó a Washington que concentrara su flota en el Pacífico para ejercer presión psicológica sobre Japón. Los jefes de la US *Navy* lo consideraron contraproducente, pero Roosevelt ordenó que los buques con base en California se trasladaran a Hawai.

La opinión aislacionista contaba con grupos muy activos y bien organizados, algunos claramente infiltrados por los germanófilos. El neutralismo había inspirado la *Neutrality Act* de 1935, que prohibía vender o suministrar armas a estados beligerantes. El propio Roosevelt, como muchos de sus colaboradores más progresistas, era contrario a participar en una nueva guerra. En 1937, el senador republicano Gerald P. Nye propuso modificar la *Neutrality Act*, para autorizar los acuerdos *cash and carry*, que permitían vender material de guerra siempre que el comprador pagara en efectivo y

EE. UU. DECLARA LA GUERRA | 8-XII-1941

DISCURSO DE ROOSEVELT EN EL CAPITOLIO

El 8 de diciembre de 1941, al día siguiente de que las fuerzas japonesas atacasen la base militar norteamericana de Pearl Harbor en Hawai, Franklin D. Roosevelt se dirigió al Congreso y solicitó la declaración de guerra a Japón. El Senado y la Cámara de Representantes aprobaron la declaración de guerra unánimemente con la excepción de un voto. Roosevelt firmaría la resolución aquel mismo día.

"Miembros del Senado, señor Presidente, miembros del Senado y de la Cámara de Representantes:

Ayer, 7 de diciembre de 1941, una fecha que pervivirá en la infamia, Estados Unidos fue deliberadamente atacado por sorpresa por fuerzas navales y aéreas del Imperio de Japón.

Estados Unidos estaba en paz con Japón y, a solicitud de esta nación, aún estaba en conversaciones con su gobierno y su emperador, buscando el mantenimiento de la paz en el Pacífico. Una hora después de que escuadrones aéreos japoneses comenzasen a bombardear la isla norteamericana de Oahu, el embajador japonés en Estados Unidos y su acompañante entregaron a nuestro secretario de Estado una respuesta formal a un reciente mensaje estadounidense. Y aunque esta respuesta declaraba que parecía inútil proseguir con las negociaciones diplomáticas en curso, no contenía ninguna amenaza o insinuación indirecta de guerra o de un ataque armado.

Se constatará que la distancia de Hawai a Japón demuestra claramente que el ataque fue deliberadamente planeado muchos días o incluso semanas antes. Durante este ínterin, el gobierno japonés ha intentado deliberadamente engañar a Estados Unidos con falsas declaraciones y expresiones de esperanza para una paz duradera.

El ataque de ayer a las islas Hawai ha causado serios daños a las fuerzas militares y navales estadounidenses. Lamento informarles de que muchos norteamericanos han perdido la vida en él. Además, hemos tenido noticia de que navíos norteamericanos han sido torpedeados en alta mar, entre San Francisco y Honolulú.

Ayer, el gobierno japonés también lanzó un ataque contra Malasia.

Anoche, fuerzas japonesas atacaron Hong Kong.

Anoche, fuerzas japonesas atacaron Guam.

Anoche, fuerzas japonesas atacaron las islas Filipinas.

Anoche, los japoneses atacaron la isla de Wake. Y esta mañana los japoneses han atacado las islas Midway.

Así pues, Japón ha emprendido una ofensiva por sorpresa que se extiende a toda la zona del Pacífico. Los hechos de ayer y hoy hablan por sí mismos. El pueblo norteamericano ya se ha formado una opinión y comprende bien las implicaciones para la propia vida y seguridad de la nación.

Como comandante en jefe del ejército y de la marina he ordenado que sean tomadas todas las medidas necesarias para nuestra defensa.

Sin embargo, nuestra nación siempre recordará el carácter del ataque del cual hemos sido víctimas.

Sea cual fuere el tiempo que necesitemos para superar esta premeditada invasión, el pueblo norteamericano, con su honorable poder, vencerá y alcanzará la victoria absoluta. Creo interpretar el deseo del Congreso y del pueblo cuando aseguro que no sólo haremos todo lo posible para defendernos sino que nos aseguraremos de que esta clase de traición nunca más constituya una amenaza para nosotros.

Las hostilidades existen. No podemos ignorar que nuestro pueblo, nuestro territorio y nuestros intereses se hallan en grave peligro.

Con confianza en nuestras fuerzas armadas y la tenaz determinación de nuestro pueblo lograremos el ineludible triunfo. Que Dios nos ayude.

Le pido al Congreso que declare que desde el ataque cobarde y no provocado de Japón el domingo 7 de diciembre de 1941, Estados Unidos y el Imperio de Japón están en estado de guerra." [Trad. por B.K.]

se encargara del transporte. La ley fue aprobada en el Congreso y el Senado contra el parecer del presidente, que no la vetó para no crearse un nuevo enfrentamiento. No obstante, como la política internacional se crispaba por momentos y sentía un profundo rechazo hacia el nazismo, el 3 de octubre pronunció en Chicago un célebre discurso pidiendo "poner en cuarentena" a los países agresores.

Cuando Alemania ocupó Checoslovaquia, Roosevelt envió un mensaje a Hitler y Mussolini exigiéndoles respetar la integridad territorial de un total de 31 países consignados en una lista. Al comenzar 1939, anunció que se enfrentaría a la amenaza fascista con "algo más que palabras".

La expansión japonesa le inquietó hasta el extremo de denunciar, en 1939, el pacto comercial con Tokio de 1911, y en marzo de 1940 envió al subsecretario de Estado, Sumner Welles, en misión de paz a Londres, París, Berlín y Roma. Welles sugirió una aproximación a Mussolini para apartarlo de Hitler, pero Roosevelt no se atrevió a enfrentarse con la opinión aislacionista y, en julio, rubricó el acta de La Habana, que consideraba al continente americano al margen de los conflictos internacionales.

Desde mayo de 1940 presidía el gobierno británico Winston Churchill, partidario de una política de dureza frente a Hitler y de rearmar Inglaterra comprando material norteamericano mediante los acuerdos *cash and carry*. Aquel mismo mes, el Congreso y el Senado norteamericanos aprobaron las grandes inversiones para ampliar el ejército y la marina e incrementar la producción de aviones y buques de guerra. En junio, el presidente nombró a dos intervencionistas republicanos para cargos importantes: Henry L. Stimson, secretario de Guerra y Frank Knox, secretario de la Marina.

La Casa Blanca se preocupó seriamente cuando la *Wehrmacht* arrolló a los ejércitos franceses y británicos en Europa, y aumentó su desazón en septiembre cuando Japón firmó el pacto tripartito con Alemania e Italia. Al comenzar el mes, acordó arrendar instalaciones militares británicas en el Caribe a cambio de entregar a Londres medio centenar de destructores usados. Días después, el Congreso aprobó, por un solo voto, la ley de servicio militar obligatorio en tiempos de paz, que hizo registrarse a todos los hombres aptos entre 21 y 36 años.

PORTAAVIONES

'AKAGI'

Este portaaviones japonés fue ideado inicialmente como crucero de batalla y posteriormente modificado. Fue uno de los buques participantes en el ataque a Pearl Harbor. **Dotación:** 2.100. **Eslora:** 248 m. **Manga:** 29 m. **Vel.:** 31 nudos. **Armamento:** 10 cañones de 203 mm, 12 AA de 120 mm; 22 cañones AA de 25 mm; 60 aviones.

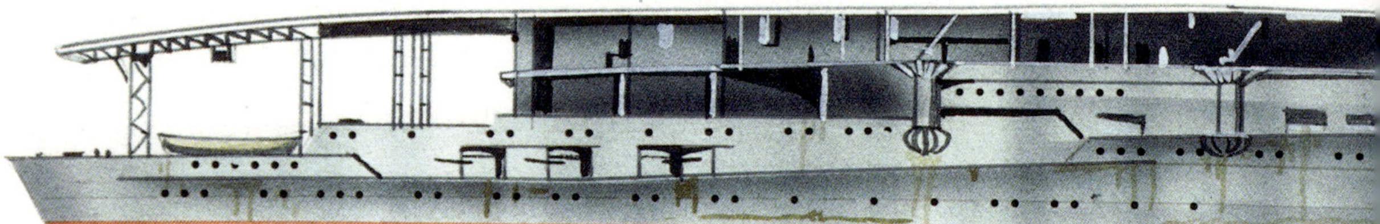

CARTEL JAPONÉS DE PROPAGANDA que muestra, de izquierda a derecha y de arriba abajo, el ataque sobre la base de Pearl Harbor, el hundimiento de los acorazados británicos 'Prince of Wales' y 'Repulse', el 11 de diciembre de 1941, el desembarco en Malasia y el ataque sobre Hong Kong.

La actitud de Roosevelt fue más decidida tras ser elegido presidente por tercera vez, en noviembre de 1940. El 5 de enero de 1941 creó el Consejo Nacional de Defensa, afirmó que lo más importante era derrotar a Hitler y, el 6, pronunció un famoso discurso donde se comprometió a defender las libertades de expresión y de culto, y a luchar contra la miseria y contra el miedo.

Dos semanas más tarde, los estados mayores norteamericano y británico iniciaron conversaciones secretas para preparar un plan estratégico. Tuvieron listo un informe el 27 de marzo, recomendando que, en caso de guerra, Estados Unidos y Gran Bretaña actuaran conjuntamente en una estrategia de corte aeronaval y en dos teatros de operaciones: Europa-África y Asia Oriental-Pacífico, dando preferencia al primero para garantizar la seguridad de las rutas entre Norteamérica y las islas Británicas. A tal fin, parte de la flota norteamericana del Pacífico se trasladaría al Atlántico Norte, mientras Inglaterra asumiría la seguridad del Mediterráneo.

ESCRITORES NORTEAMERICANOS DE LA DÉCADA DE 1930

Estados Unidos poseía una cultura heterogenia, informada por las diversas procedencias de sus habitantes y la influencia de las numerosas iglesias, así como una sorprendente riqueza en las distintas expresiones artísticas, especialmente en la literatura de entreguerras.

Cuando el fascismo era todavía un fenómeno extraño y alejado para gran parte de los americanos. Sin embargo, se revelaba como un hecho doloroso para los europeos. En 1939, el filósofo Walter Benjamin se suicidó en la frontera hispano-francesa para no ser entregado a los nazis; uno de los más grandes escritores, Stefan Zweig, escribió que la llegada de Hitler había hecho perder al mundo su última oportunidad y también puso fin a su vida en 1942. Los dos eran judíos alemanes y su muerte expresaba la crisis de la brillante cultura centroeuropea.

EL ESCRITOR NORTEAMERICANO JOHN STEINBECK, que tan brillantemente retrató la sociedad norteamericana durante la depresión, recibió el premio Nobel de Literatura en 1962.

Separado su país de tales angustias, la literatura estadounidense vivía una época espléndida. Uno de sus representantes más característicos era Ernest Hemingway, que había participado en la Primera Guerra Mundial y vivido los ambientes literarios vanguardistas de París, donde se relacionó con Gertrude Stein, Ezra Pound y F. Scott Fitzgerald. Sus primeros trabajos pasaron sin pena ni gloria, pero en 1925, su novela *Fiesta* lo llevó a la fama. Aficionado a la exótica y apasionante España de entonces, escribió *Muerte en la tarde*, con sus conocimientos del mundo de los toros, y luego *Adiós a las armas*, inspirada en sus experiencias de la Primera Guerra Mundial en Italia. Aventurero, entusiasta y curioso, se sintió solidario con los grandes problemas y amó los paisajes lejanos. A esta época corresponden *Las verdes colinas de África*, *Tener o no tener* y *Por quién doblan las campanas*, inspirada en sus recuerdos de la Guerra Civil española, donde permaneció largo tiempo.

Francis Scott Key Fitzgerald fue probablemente el valor más significativo de la generación perdida, nacida a finales del siglo XIX y lanzada brutalmente a la realidad de la Primera Guerra Mundial. Los héroes de sus novelas saltan de la gloria a la frustración y al fracaso. Como dijo él mismo, "muéstrame un héroe y te escribiré una tragedia". Murió poco antes de comenzar la Segunda Guerra Mundial y expresó el desencanto de los privilegiados jóvenes de su generación en libros como *A este lado del paraíso*, *Suave es la noche* o *El gran Gatsby*.

John Dos Passos, natural de Chicago de ascendencia portuguesa, viajó con sus padres por México y Europa antes de graduarse en la Universidad de Harvard. La Primera Guerra Mundial lo sorprendió en España, alistándose voluntario en las ambulancias de Italia. Después de la guerra, publicó sin gran relieve *La iniciación de un hombre* y *Rocinante vuelve al camino*, pero fue *Manhattan Transfer* el libro que le hizo famoso en 1925. Era un retrato de Nueva York, compuesto por relatos breves y fragmentarios, cuyo conjunto mostraba la ciudad. Posteriormente, utilizó la misma técnica para su trilogía *U.S.A.* En 1927 fue encarcelado por oponerse públicamente a la ejecución de los anarquistas Nicola Sacco y Bartolomeo Vanzetti. Se aproximó al comunismo, con una postura crítica después de visitar la Unión Soviética, y viajó a España en plena Guerra Civil para colaborar con Ernest Hemingway en el guión del documental *La tierra española*. Rompió con el comunismo al conocer que los servicios secretos soviéticos habían asesinado a su amigo y traductor José Robles.

Sinclair Lewis huyó de su casa a los trece años intentando enrolarse y marchar a Cuba en la guerra contra España. Estudió luego en la Universidad de Yale y viajó por Estados Unidos hasta 1915, mientras escribía relatos cortos y trabajaba como periodista y corrector de pruebas. Sus primeras novelas tuvieron gran calidad y escaso éxito, hasta que, en 1920, apareció con un tremendo impacto *Calle Mayor*, crítica mordaz de una pequeña ciudad norteamericana del interior; luego publicó *Babbitt*, sátira de un hombre de negocios y *El doctor Arrowsmith* por la que le concedieron el premio Pulitzer de 1926, que rechazó, por no haber reconocido antes sus méritos. En 1930 recibió el Nobel de Literatura.

John Earnest Steinbeck era californiano y estudió en la Universidad de Stanford sin acabar la carrera. Marchó a Nueva York, donde trabajó algún tiempo en el *New York American*. Basó su primera novela, *La Copa de Oro*, en la vida de Henry Morgan, sin tener éxito, continuando sus publicaciones hasta que, en 1935, logró su primer premio con *Tortilla Flat*, conjunto de historias humorísticas. Posteriormente recibió nuevos galardones y escribió sobre los trabajadores emigrantes; hasta que, en 1939,

FOTOGRAMA DE LA PELÍCULA DIRIGIDA POR JOHN FORD e interpretada por Henry Fonda 1940, *Las uvas de la ira*, adaptación de una novela de John Steinbeck, que retrata el período siguiente al 'crash' de 1929.

publicó *Las uvas de la ira*, considerada su mejor obra, que fue prohibida en varias ciudades de California. En 1940 fue adaptado al cine y recibió el premio Pulitzer.

William Faulkner se adentró en las técnicas innovadoras, siguiendo el surco de escritores europeos como Marcel Proust, James Joyce y Virginia Woolf, e influyó poderosamente en la literatura sudamericana de la segunda mitad del siglo xx. Pertenecía a una familia sureña y su estado natal, Mississippi, marcó profundamente su obra. Abandonó los estudios para trabajar en el banco de su abuelo y fue piloto de las fuerzas aéreas británicas durante la Primera Guerra Mundial. Desde 1921 fue periodista en Nueva Orleans y en 1926 logró publicar su primera novela: *La paga de los soldados*. Después de una temporada en Europa, comenzó a escribir novelas inspiradas en el imaginario condado de Yoknapatawpha, fiel reflejo, no obstante de su tierra natal. Tal es el caso de, *El ruido y la furia*, que lo confirmó como uno de los mejores escritores de su generación. Más tarde escribió *Santuario* y la obra de teatro *Réquiem por una monja*. [G.C.]

Si Estados Unidos participaba en la guerra, en primer lugar se derrotaría a Alemania para lanzar después todas las fuerzas contra Japón. No se consideraba la posibilidad de una intervención militar de la URSS, pues la política internacional de Stalin resultaba equívoca; en agosto de 1939, había firmado un pacto de no agresión con Hitler, y en abril de 1941 otro con Japón.

El 8 de marzo de 1941, el Senado aprobó la Ley de Préstamo y Arriendo, que permitía enviar materiales militares a los países aliados prescindiendo de los contratos *cash and carry*. El presidente quedó facultado para seleccionar los países beneficiarios y disponer de todo tipo de productos, así como las condiciones de su fabricación, entrega, cambio, préstamo, arriendo y mantenimiento. Esta ayuda exterior iba a costar a Estados Unidos 50.100 millones de dólares de la época en armas, materiales, servicios y alimentos, de los que Gran Bretaña recibió 31.400 millones de dólares; la URSS, 11.300 millones; la Francia libre de De Gaulle, 3.200 millones y China nacionalista, 1.600 millones. El remanente sería posteriormente enviado a la URSS.

EL 8 DE MARZO DE 1941, EL SENADO APROBÓ LA LEY DE PRÉSTAMO Y ARRIENDO, QUE PERMITÍA ENVIAR MATERIALES MILITARES A LOS PAÍSES ALIADOS

El día 30 fueron embargados los barcos alemanes e italianos surtos en puertos norteamericanos, la US *Navy* patrulló las rutas atlánticas frecuentadas por mercantes británicos. El 10 de abril comenzó a construirse una base en Groenlandia.

Hitler invadió la URSS el 22 de junio de 1941 y el anticomunista Churchill decidió ayudar a la Unión Soviética, convenciendo a Roosevelt de incluirla en la Ley de Préstamo y Arriendo. Aunque era una medida muy impopular en Estados Unidos, la entrega de armas y materiales a los rusos comenzó el 8 de julio y fue ganando en intensidad, hasta sumar un total de 2.600 millones de dólares. El día anterior, fuerzas norteamericanas habían desembarcado en Islandia y, el día 9, se ordenó acelerar la construcción de la flota y la fuerza aérea, impulsando la industria de guerra con el fin de poder equipar a un ejército de nueve millones de hombres.

Una encuesta Gallup de 1940 había mostrado que el 88 % de los estadounidenses se oponían a entrar en una nueva guerra internacional y consideraban que la participación norteamericana en la Primera Guerra Mundial no había contribuido a forjar un mundo mejor. Sin embargo, un nuevo sondeo del mismo instituto de 1941 estableció que el 85 % de los consultados pensaban que su país se vería arrastrado al conflicto y el 68 % consideraban más importante derrotar a Hitler que permanecer neutral. Mientras tanto, se había establecido una política de rearme masivo que beneficiaba a la industria norteamericana y creaba numerosos empleos. En 1941, el 15 % de la producción industrial se orientó a las necesidades militares, la población comenzó a prepararse psicológicamente y las universidades introdujeron en sus programas enseñanzas sobre la guerra y los ejércitos.

Ya a comienzos de 1940, Joseph Grew, el embajador en Tokio, había recomendado no suspender las ventas de petróleo a Japón para no empujarlo a invadir las Indias Orientales. Cuando en julio el Congreso aprobó

FALLIDAS NEGOCIACIONES DE PAZ ENTRE ESTADOS UNIDOS Y JAPÓN. El embajador japonés en Estados Unidos Kichisaburo Nomura (izquierda) junto al secretario de estado Cordell Hull y el enviado especial Saburo Kuruso en Washington el 1 de octubre de 1941.

una ley regulando las licencias de exportación, se cortó la venta de aviones a los japoneses, aunque el suministro de hierro y acero prosiguió hasta otoño y no se suspendió la exportación de petróleo.

Mientras tanto, se tomaban acuerdos de cara a un posible conflicto armado. El primer encuentro entre las delegaciones militares británicas y norteamericanas, celebrado en Washington a comienzos de 1941, estableció la prioridad del teatro de operaciones europeo y la asignación de la responsabilidad en el Pacífico a los norteamericanos y, en abril, la conferencia de Singapur decidió el apoyo mutuo anglonorteamericano en caso de guerra. Al tener noticias de estas nuevas actitudes, los japoneses comprendieron

| **MITSUMASA YONAI** | 1880-1948 |

MINISTRO JAPONÉS A FAVOR DE LOS ALIADOS

Durante la Segunda Guerra Mundial, este militar japonés se significó por su oposición al pacto tripartito y su defensa de la causa aliada. Inició su trayectoria en la armada imperial japonesa en 1901, cuando se graduó en la Escuela Naval. Luego desempeñó diversos destinos y, al final de la guerra ruso-japonesa de 1904-1905, navegó en el destructor *Inazuma* y el crucero *Iwate*. En diciembre de 1912, siendo capitán de corbeta, se graduó de estado mayor en el colegio de Guerra Naval y fue agregado naval en Rusia durante la Primera Guerra Mundial. Ascendió allí a capitán de fragata, y tras el hundimiento del zarismo fue llamado a Japón, donde fue segundo comandante del acorazado *Asahi*. En diciembre de 1920 fue nombrado capitán de navío y agregado naval en Polonia de 1921 a 1922.

De nuevo en Japón mandó los cruceros *Kasuga, Iwate* y los acorazados *Fuso* y *Mutsu*. Vicealmirante a finales de 1925, al año siguiente, fue jefe de la 3ª sección del estado mayor de la marina imperial. En diciembre de 1928 mandó la flota expedicionaria al río Yangtze, en China, luego tuvo un mando en Chinaki, Corea. Seguidamente, ocupó mandos muy importantes hasta que, en abril de 1937, fue almirante y ministro de Marina con los gabinetes de Senjuro Hayashi, Fumimaro Konoe y Kiichiro Hiramura hasta agosto de 1939.

Sintió gran preocupación por el enfrentamiento con Estados Unidos e Inglaterra y sus esfuerzos en pro de la paz le ganaron la antipatía de la extrema derecha, que intentó asesinarlo varias veces. No obstante, apoyó la construcción de los acorazados clase *Yamato*, a fin de mantener el equilibrio naval entre potencias. El 6 de enero de 1940 fue nombrado primer ministro, cargo desde el cual mantuvo su conocida postura pro-aliada, oponiéndose a pactar con Alemania e Italia, hasta que los extremistas del ejército le obligaron a dimitir el 21 de julio y Japón firmó el pacto tripartito el 27 de septiembre de 1940.

MITSUMASA YONAI, nombrado primer ministro en 1940, se opuso al pacto con Italia y Alemania, por lo que fue obligado a dimitir pocos meses después.

En 1944, el primer ministro Kuniaki Koiso lo nombró viceministro y luego ministro de Marina, reintegrándolo en la lista de marinos activos después de haber sido pasado a la reserva. Continuó en su cargo con Kantaro Suzuki y, en las últimas semanas de la guerra, permaneció en el bando de Suzuki y el ministro de Exteriores, Shigenori Togo, que deseaban apoyar los acuerdos de la conferencia de Potsdam (17-VII al 2-VIII de 1945), contra los partidarios del ministro de la Guerra, Korechika Anami, el almirante Soemu Toyoda y el general Yoshijiro Umezu.

Continuó en su cargo con los gobiernos de Higashikuni Naruhiko y Kijuro Shidehara, hasta la rendición de Japón y la disolución de la marina imperial. En los juicios de Tokio actuó como defensor del emperador, que resultó absuelto, y posteriormente se dedicó a la reconstrucción Japón. Falleció en 1948, cuando contaba 68 años. [G.C.]

que su seguridad estaba amenazada y sólo podrían obtener las materias primas del Pacífico Sur mediante la fuerza.

En agosto de 1941, Roosevelt y Churchill firmaron la Carta del Atlántico, cuyos puntos explicitaban la voluntad de abrir el comercio mundial y potenciar la cooperación internacional y la libertad de los mares. No era un tratado ni supuso la entrada de Estados Unidos en el conflicto, sino un documento que expuso principios "sobre los que basar sus esperanzas en un futuro mejor para el mundo". Casi inmediatamente suscribieron la carta representantes de la Unión Soviética, Bélgica, Checoslovaquia, Grecia, Luxemburgo, Holanda, Noruega, Polonia, Yugoslavia y la Francia libre de De Gaulle.

A pesar de todo, la Carta del Atlántico era un cañonazo contra la línea de flotación del colonialismo británico, francés y holandés al cuestionar su hegemonía económica en la zona, precisamente cuando estaban amenazados por la expansión japonesa.

La paz imposible

Roosevelt no deseaba intervenir en la guerra salvo que su país fuera atacado, y agotó las posibilidades de mantenerse al margen, consciente de que resultaría muy difícil. En enero de 1941 se habían iniciado extraoficialmente conversaciones nipo-norteamericanas para intentar un acuerdo. El representante japonés fue el coronel Hashimoto, líder del partido fascista El Dragón Negro, que convino con los funcionarios norteamericanos celebrar una conversación de alto nivel en el mes de marzo. Intervinieron en ella el embajador de Japón en Washington, almirante Nomura, y el secretario de Estado norteamericano, Cordell Hull y, a pesar de los respectivos esfuerzos, no lograron cerrar un acuerdo, porque Washington deseaba que los japoneses abandonaran el pacto tripartito y Tokio quería que le dejaran libertad de acción para intervenir en China.

AL CONTRARIO QUE SU ANTECESOR, Yonai, el primer ministro japonés, el general Hideki Tojo, era un firme partidario de entrar en guerra contra Estados Unidos y Gran Bretaña.

‘TORA, TORA, TORA’, JAPÓN ATACA POR SORPRESA PEARL HARBOR

Cuando el capitán de fragata Fuchida emitió su mensaje en clave, los japoneses habían logrado golpear por sorpresa la base aeronaval estadounidense. Sin embargo, los 350 aviones que tomarían parte en el ataque no lograrían todos sus objetivos.

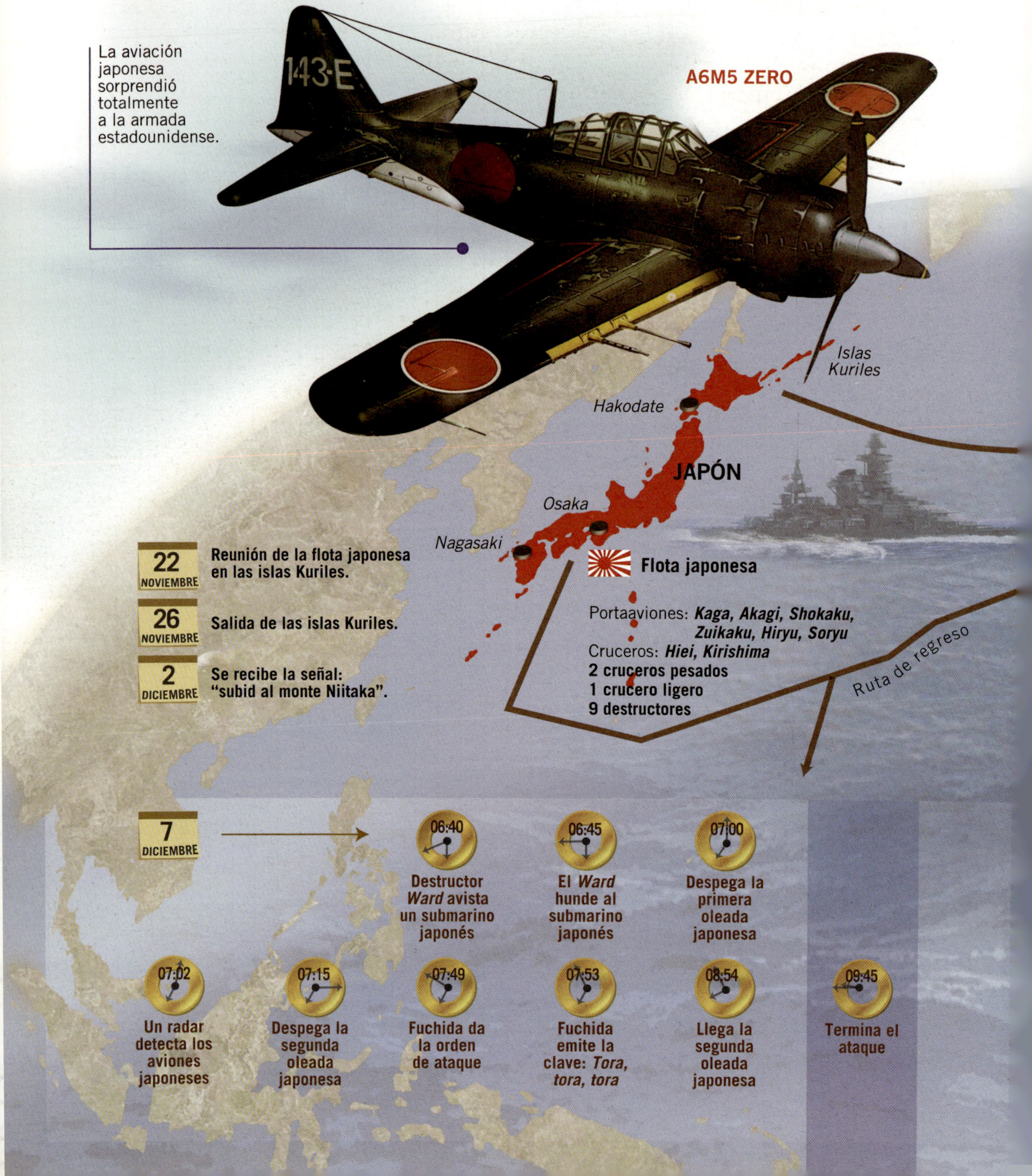

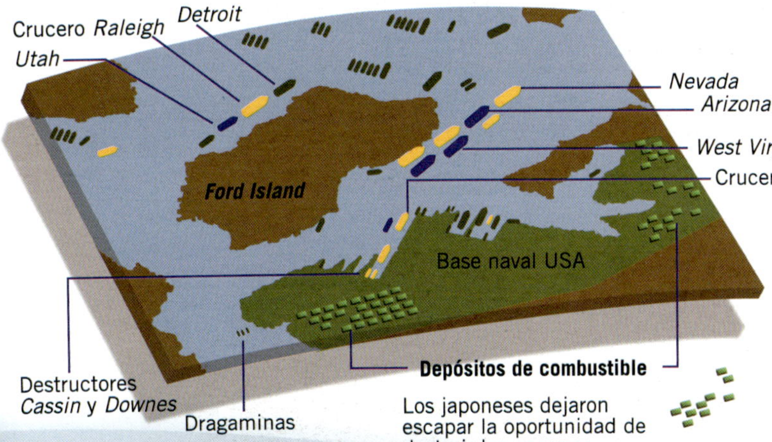

Los japoneses dejaron escapar la oportunidad de destruir los enormes depósitos de combustible de la base.

RESULTADO DEL ATAQUE

Total barcos presentes	Barcos hundidos o seriamente averiados
96 unidades	17 unidades

- Buques gravemente averiados
- Buques hundidos
- Buques intactos

Aviones destruidos	Muertos	Heridos
188 unidades	2.403	1.178

MAPA DE RUTA DE LA FLOTA JAPONESA

La ausencia de los portaaviones americanos impidió que el golpe fuera decisivo.

RUTAS DE APROXIMACIÓN DE LOS AVIONES

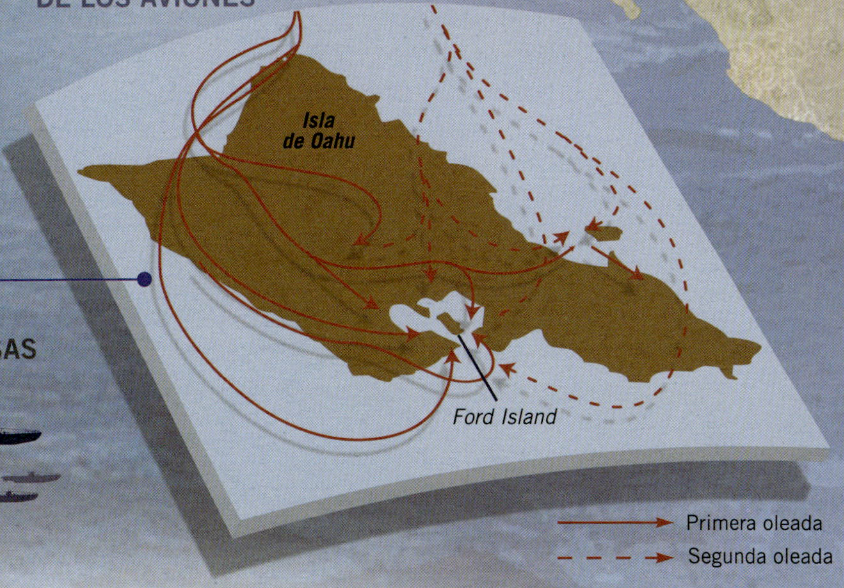

PÉRDIDAS JAPONESAS

Aviones	Muertos	Submarinos
29 unidades	185	1 clase I 5 clase A

En julio, los japoneses anunciaron un acuerdo con el gobierno de Vichy para establecer un protectorado conjunto en Indochina, lo cual implicaba una amenaza contra Birmania y Malasia y, a la larga, Filipinas. Roosevelt consultó al jefe de operaciones navales, almirante Harold R. Stark, acerca de la posibilidad de embargar a Japón. En respuesta, recibió un memorándum afirmando que tal medida incitaría la agresividad del gobierno de Tokio y estimularía los planes de ataque contra Malasia, las Indias holandesas y probablemente Filipinas, obligando a Estados Unidos a una guerra en el Pacífico.

EN JULIO, LOS JAPONESES ANUNCIARON UN ACUERDO CON EL GOBIERNO DE VICHY PARA ESTABLECER UN PROTECTORADO CONJUNTO EN INDOCHINA

El eufemismo del protectorado conjunto no podía disimular la ocupación militar nipona de Indochina, y Roosevelt reaccionó. El 25 de julio congeló todos los valores japoneses en Estados Unidos y el 31 prohibió la exportación de herramientas y gasolina para aviones. Los gobiernos británico y holandés secundaron la medida y Japón dejó de recibir petróleo, caucho y zinc. Las reservas niponas de combustible eran considerables, pero no eternas, y Tokio se vio en la necesidad de encontrar carburantes para hacer funcionar su industria y sostener las operaciones militares en China. Su estado mayor calculó que el modo más rápido y sencillo de obtenerlos era apoderarse de los yacimientos petrolíferos de las colonias holandesas de Java y Sumatra.

El embargo a Japón suponía una guerra económica que acabaría conduciendo a un conflicto militar. El fracaso de las negociaciones hizo caer el gobierno del príncipe Konoe, sustituyéndolo un gabinete presidido por el general Hideki Tojo, máximo exponente del totalitarismo japonés y uno de los fundadores de la sociedad secreta *Tosei-ha*, cuya ideología militarista y nacionalista había madurado en la idea de formar una "Esfera de Coprosperidad del Gran Este Asiático".

El 6 de agosto, la embajada nipona pidió a la Casa Blanca que levantara el embargo de petróleo y cesaran los envíos de tropas a Filipinas. Roosevelt respondió que replicaría a cualquier agresión nipona contra territorios aliados. En noviembre llegó a Washington Saburo Kurusu, como enviado especial para auxiliar al embajador Nomura en las negociaciones sobre el petróleo. Entre el 22 y 25 de noviembre, Cordell Hull propuso una tregua de 90 días para reanudar las conversaciones diplomáticas.

Pero la propuesta no fue entregada a Nomura porque, el 25, Owen Lattimore, consejero norteamericano de Chiang Kai-Chek, telegrafió que cualquier concesión hecha a los japoneses incrementaría peligrosamente sus ventajas sobre China y resultaría desastrosa para la confianza que el gobierno nacionalista chino de Chungking tenía depositada en América.

El *modus vivendi* de Hull fue descartado y sustituido por una propuesta de diez puntos, que era realmente un ultimátum. Washington apuntó la posibilidad de reanudar el comercio con varias condiciones: Tokio debía suscribir un tratado de no agresión con Estados Unidos, la Unión Soviética, Holanda, China y Tailandia; retirar sus tropas de China e Indochina francesa; comprometerse a apoyar otro gobierno chino que el de Chiang Kai-Chek; establecer un tratado comercial recíproco

|BOMBAS ANTIMOSQUITOS|1939-1960|

AEROSOLES PARA INSECTICIDAS: EL DDT

El DDT (dicloro defenil tricloroetano) fue sintetizado por vez primera en 1874, pero no fue hasta 1939 cuando el químico suizo Paul Muller probó que la sustancia era un potente insecticida contra todo tipo de insectos, con muy pocos efectos nocivos sobre el ser humano. Años después, en 1948, Muller recibiría el premio Nobel como reconocimiento a su aportación a la lucha contra las plagas.

Los norteamericanos lo vieron como una solución milagrosa para combatir la malaria y otras plagas propagadas por los insectos, que hacían extremamente duros los combates en las islas del Pacífico contra los japoneses y que acarreaba más muertes y enfermedades que las armas enemigas. De esta manera, esparciendo desde el aire el DDT, ya desde los primeros años de la guerra, se pudo eliminar en gran parte el riesgo de la malaria y mejorar la capacidad combativa de las tropas. También fue aplicado en 1943 en el sur de Italia, en la zona cercana a Nápoles, aunque esta vez para combatir el piojo que transmitía el tifus exantemático, la enfermedad de las trincheras y que suponía una mortalidad mayor que la malaria.

Sin embargo el éxito del DDT como insecticida no hubiese sido el mismo sin la invención de los modernos pulverizadores o aerosoles, que permitían que los soldados de infantería lo llevasen consigo en todo momento para combatir los insectos que actuaban como vectores portadores de las enfermedades. Los aerosoles presurizados se habían inventado a fines del siglo XIX y en 1927 un ingeniero noruego le añadió una válvula y nuevos gases de presión interna, convirtiéndolo en lo que hoy conocemos. La continua investigación supuso una nueva evolución que lo hizo más ligero, barato y versátil. El gobierno americano llamó a expertos del Departamento de Agricultura, para que estudiasen la forma de utilizar ambos productos por parte de su ejército de un modo portátil, sin depender de que fuese fumigado por los aviones, y frenar así la malaria que causaba grandes bajas en sus fuerzas que luchaban contra los japoneses, sobre todo en zonas y momentos en que no podía utilizarse los aviones. Los investigadores norteamericanos Lyle Goodhue y William Sullivan, comenzaron en 1943 a fabricar envases masivamente con destino al ejército que combatía en el Pacífico y llegaron a producir unos 50 millones de envases, que fueron conocidos como "bombas anti insectos"; como propelente portaba un gas licuado clorofluorocarbonado. Tras la guerra, irrumpió en el mercado civil y además de su contenido en insecticida, pasó a utilizarse incluso en perfumería llenándolo con laca para el pelo, desodorantes, perfumes, etc.

Décadas después de la Segunda Guerra Mundial, tanto el DDT como los aerosoles cayeron en desgracia. El primero, en los años sesenta, al comprobarse que muchos insectos desarrollaban resistencias al mismo y que era muy difícil de eliminar, transmitiéndose en el ciclo biológico a través de la cadena alimenticia, dado que los animales lo acumulaban en sus tejidos, de forma que se estableció que podía afectar a la salud humana. Años más tarde, en los ochenta, llegó el momento de los gases clorofluorocarbonados, al considerarlos parcialmente responsables de la disminución de la capa de ozono, por lo que fueron reemplazados por distintos gases propelentes. [J.C.L.]

EL DDT ADMINISTRADO COMO AEROSOL fue clave para controlar la malaria y el tifus. En la imagen un soldado británico rocía a unas prisioneras del campo alemán de Beren en 1945.

PEARL HARBOR ANTES DEL ATAQUE NIPÓN. La base estadounidense en la isla de Oahu, en el archipiélago de las islas Hawai, fue bombardeada por los japoneses el 7 de diciembre de 1941.

con Estado Unidos como nación más favorecida, y estabilizar el yen respecto al dólar.

Eran condiciones que Japón no podía aceptar, aunque tampoco le inquietaba, porque las últimas conversaciones habían sido una cortina de humo para disimular los preparativos para un ataque por sorpresa, que ya estaba planeado desde tiempo atrás, cuya finalidad era bombardear sin declaración de guerra la flota norteamericana del Pacífico y las posesiones británicas y holandesas del Lejano Oriente.

Para ello resultaba esencial que la US *Navy* permaneciera tranquilamente en su base, y se enviaron instrucciones a Nomura y Kurusu para que siguieran negociando.

Un plan secreto

Desde enero de 1941, el jefe de la flota combinada japonesa, almirante Isoroku Yamamoto, calculaba que Japón carecía de recursos para sostener una guerra larga contra Estados Unidos y que era preferible desencadenar un ataque sorpresa contra la US *Navy* en Pearl Harbor, a fin de destruir el poder naval enemigo en el Pacífico.

Pearl Harbor, en la isla de Oahu, era utilizada por la US *Navy* desde hacía 40 años. En abril de 1940 se había instalado allí una potente flota como elemento de disuasión, aunque la base acusaba graves defectos. Entre ellos, su rada sólo medía 500 m de anchura, 12 m de profundidad, tenía una salida trabajosa y los enormes barcos estaban abarloados en grupos muy vulnerables.

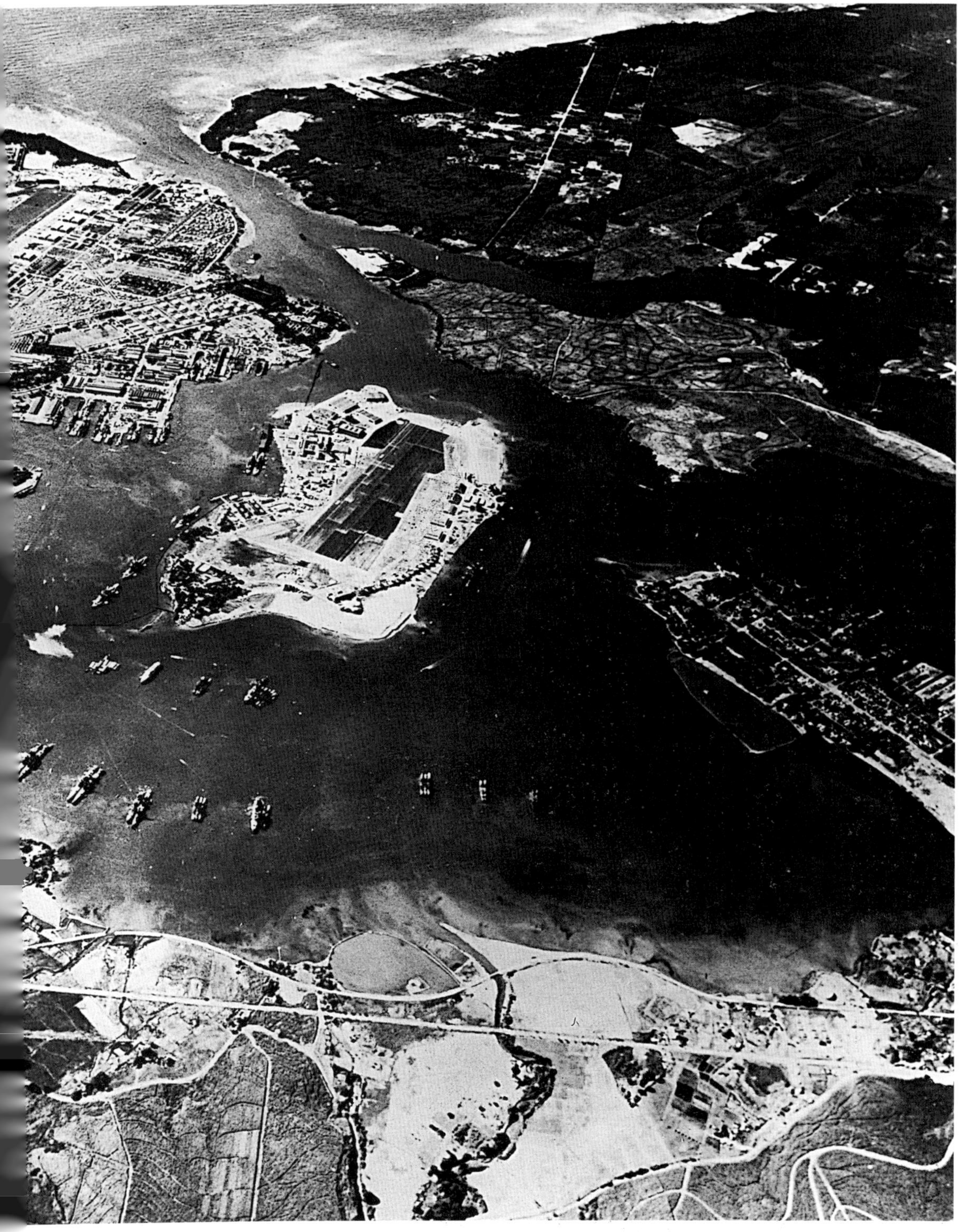

La operación se planeó cuidadosamente, estudiando una ruta inhabitual, con silencio radio y al amparo de los frentes de lluvias, a fin de llegar a Hawai un domingo por la mañana. El plan se terminó en el otoño de 1941 y fue aceptado el 5 de noviembre. Mientras tanto, el gobierno de Tojo decidió estrechar las relaciones con Alemania e Italia y proseguir las conversaciones con Washington, sin esperar otro resultado que distraer la atención y asegurar la sorpresa.

El 25 de noviembre se ordenó que la flota del vicealmirante Chuichi Nagumo zarpara desde las islas Kuriles hacia las Hawai.

Se ha discutido sobre la posibilidad de que Roosevelt conociera los planes japoneses y permitiera el ataque para contar con un pretexto para entrar en la guerra.

El 27 de enero de 1941, el embajador de Estados Unidos en Japón, Joseph Grew, comunicó a Washington que las fuerzas armadas niponas preparaban un ataque por sorpresa contra Pearl Harbor.

EL ESPÍA SOVIÉTICO RICHARD SORGE DESCUBRIÓ EL PLAN DE ATAQUE A PEARL HARBOR Y LA URSS LO COMUNICÓ A LOS SERVICIOS NORTEAMERICANOS

En octubre, el espionaje norteamericano se apoderó de las claves que los japoneses utilizaban para cifrar sus mensajes, algunos de los cuales contenían datos reveladores. Una comunicación enviada por el gobierno de Tokio a su embajador en Berlín, decía: "Comunique en el más absoluto secreto a Hitler y Ribbentrop que nos encontramos ante el peligro extremo de que pueda estallar súbitamente una guerra entre el Japón y las potencias anglosajonas y que esta guerra pueda empezar mucho antes de lo que nadie se imagina". El 22 de noviembre, un radiograma japonés a su embajada en Washington refería que "la fecha tope" era a final de mes. El 3 de diciembre, otro despacho ordenó destruir los documentos secretos de la embajada. Al parecer, el 6 de diciembre, otro comunicado ordenó entregar una declaración japonesa al gobierno norteamericano el 7 de diciembre de 1941, a las 13:00 h de Washington. Otros dos comunicados de Tokio a su embajador fueron descifrados por la inteligencia norteamericana, pero Richmond Turner, el oficial encargado de la evaluación, no los pasó a su superior por considerarlos irrelevantes.

El secretario de Estado, Cordell Hull, reconoció más tarde: "Estaba al corriente de todos los radiogramas captados (...). Toda la información que recibimos durante el período mostraba claramente que Japón se disponía a realizar la agresión".

Harold Stark, el jefe de operaciones navales, también temió inicialmente un ataque japonés contra la flota estacionada en Pearl Harbor, pero poco después se convenció de que se produciría en otro lugar.

El espía soviético Richard Sorge descubrió el plan de ataque a Pearl Harbor y la URSS lo comunicó a los servicios norteamericanos, que no lo consideraron fiable. Estas informaciones formaban parte del enorme caudal de datos que llegaban continuamente a los políticos y mandos militares norteamericanos. Ni el almirante H. E. Kimmel, jefe de la flota del Pacífico, ni el general W. C. Short, jefe militar de Hawai, supieron lo que se preparaba.

A pesar de las polémicas y de numerosas afirmaciones de todo tipo, no existen pruebas

concluyentes que permitan aseverar lo que realmente ocurrió, por lo que resulta muy aventurado avanzar responsabilidades. Es posible que el presidente Roosevelt y sus asesores pensaran que el golpe japonés se descargaría en el Pacífico occidental y no en el lejano archipiélago de Hawai.

A pesar de todo, la hipótesis había sido considerada en las maniobras navales de 1932, donde se imaginó que, un domingo por la mañana, portaaviones enemigos se habrían acercado a Oahu por el noroeste y, ante la sorpresa de las defensas, hundirían todos los barcos que estaban en la bahía. Nueve años más tarde, la ficción se convirtió en tragedia.

ANTE EL CONGRESO Y EL SENADO DE EE. UU., el 8 de diciembre de 1941, el presidente Franklin D. Roosevelt solicitó la declaración de guerra tras el ataque japonés a Pearl Harbor.

|1882-1945|

ROOSEVELT, ZORRO PARA LA GUERRA, INGENUO PARA LA PAZ

Hábil político que supo enfrentarse a una situación de grave depresión económica de su país y consagrar a Estados Unidos como la potencia hegemónica del siglo XX. Su decadencia física al final de la contienda propició excesivas concesiones a Stalin.

Mediante un solemne discurso ante los miembros del Senado y de la Cámara de Representantes, el día 8 de diciembre de 1941, Franklin Delano Roosevelt, el trigésimo segundo presidente de los Estados Unidos, daba cuenta del ataque japonés a la base estadounidense de Pearl Harbor, en la isla hawaiana de Oahu. Roosevelt pidió al Congreso que aprobara la declaración de guerra contra Japón Todos los votos fueron a favor menos una abstención. A las 16:10 h de aquel día, Roosevelt firmaba la declaración formal de guerra. Con este importante gesto se rompía el aislacionismo que, hasta entonces, predominaba en la escena política norteamericana, y Estados Unidos volvía a entrar en guerra tras 23 años de paz.

El presidente Roosevelt había nacido en 1882. Hijo de un terrateniente y magnate del ferrocarril, pertenecía por parte de padre y de madre a familias llegadas a Norteamérica en el siglo XVII. La paterna estaba escindida en dos ramas bien avenidas, a pesar de su distinta militancia política: una republicana, a la que perteneció Theodore Roosevelt, presidente del país de 1901 a 1909, y otra demócrata, que era la suya.

Su posición le permitió estudiar en Harvard y Columbia, viajar por Europa, cultivar los deportes de elite y hablar con soltura francés y alemán. En 1905 se casó con Eleanor Roosevelt, sobrina de Theodore Roosevelt, con la que tuvo seis hijos. En 1910 entró en política en las filas del Partido Demócrata y fue elegido senador por Nueva York. Desde 1913 se vio estrechamente vinculado al ejército, sobre todo a raíz de la Primera Guerra Mundial, como subsecretario de Marina, y se convirtió en un significado defensor de la renovación del ejército y el desarrollo de nuevas armas, como el submarino. Con ocasión de un viaje de inspección a las fuerzas norteamericanas en Europa, en 1918 conoció a Winston Churchill, con quien luego mantendría una estrecha relación.

Su apacible y próspera vida política sólo se vio alterada por su agitada vida personal. Mujeriego contumaz, fue infiel a su esposa en numerosas ocasiones por lo que ésta pidió el divorcio. Sin embargo, para no dañar su carrera política y en buena parte por las presiones de la madre de Roosevelt, Sara Ann Delano, acordaron guardar las apariencias. A partir de 1918, el matrimonio vivió, de hecho, separado, pero siempre en relaciones cordiales. Otro suceso fortuito afectó al político; en 1921 contrajo la poliomielitis que le dejó paralizado de cintura para abajo, por lo que a partir de entonces siempre necesitó el apoyo de muletas o silla de ruedas. De todas formas, temeroso de que la enfermedad le apartase de la vida política enajenándole el apoyo de los votantes, mintió e insistió en que estaba recuperado por lo que siempre que pudo evitó dejarse fotografiar con muletas o silla de ruedas.

En 1924 volvió a la arena política y, en 1928, fue elegido gobernador del estado de Nueva York. Cuatro años después, sus promesas de reactivación económica tras el *crash* de 1929 y la posterior Gran Depresión le llevaron a la presidencia de Estados Unidos, en 1933. En aquel momento estaban muy arraigadas en la sociedad y en sus políticos las tesis aislacionistas ante los conflictos que no se diesen en el continente americano, tesis expresadas en el popular lema "Primero, América". Ello se consagró en la Ley de Neutralidad de 1935, aprobada en sus cámaras legislativas que prohibía la venta de armas a países beligerantes.

Para no dejar resquicios, en enero de 1937 se amplió la ley a las guerras civiles, de forma que se incluyera en sus restricciones la Guerra Civil española. En este ambiente, la subida al poder de Hitler apenas despertó interés y menos un abierto rechazo, como tampoco lo había supuesto el ascenso de Mussolini. Buena muestra de ello fue su reelección presidencial gracias a argumentos, entre otros, como que ningún joven norteamericano vertería su sangre en Europa. Sin embargo Roosevelt, temeroso de la evolución de los acontecimientos, incentivó el aumento del presupuesto militar a finales de los años treinta. Le alarmó sobre todo el incremento de la belicosidad expansionista de Japón y su alineamiento con las potencias fascistas de Europa, lo cual suponía una amenaza a las colonias británicas y francesas en Asia y, sobre todo, al dominio de Estados Unido sobre Filipinas. Con esta visión y aprovechando que la guerra entre Japón y China era una guerra no declarada, brindó ayuda a China, sorteando de esta manera la Ley de Neutralidad.

La invasión de Polonia en 1939 no hizo cambiar a la opinión pública norteamericana, pero Roosevelt comprendió que el destino de Francia y Gran Bretaña dependía en parte de Estados Unidos y que Japón, la verdadera amenaza para la expansión económica norteamericana en el Pacífico, podía sacar partido. De esta manera, en noviembre de 1939, presionó para suavizar la Ley de Neutralidad y poder vender armas y suministros; la única condición era pagar al contado si los franceses y británicos no podían proporcionar los medios de transporte para exportarlas.

El verano de 1940 supuso el punto de inflexión. La fulgurante victoria obtenida por los nazis en el frente occidental permitió a Japón iniciar en septiembre la invasión de la Indochina francesa, lo que le dio el control del golfo de Tonkín, e intensificar su guerra contra China. Al mismo tiempo los nipones firmaron el pacto tripartito con Alemania e Italia. Roosevelt veía que el camino hacia la guerra, al menos contra Japón, era inevitable pero que antes era preciso cambiar el sentido de la opinión pública norteamericana. En una cadena de gestos que muchos juzgaron como una provocación, y aprovechando que el convenio comercial con Japón había expirado en enero de 1940, el Senado, a petición presidencial, suspendió en julio el envío a aquel país de combustible para aviones, en octubre el de hierro y en julio de 1941 el de petróleo. También se aprobó la congelación de todos los fondos e inversiones japonesas en Estados Unidos y se decretó el cierre del canal de Panamá para los barcos nipones. En todas estas medidas el presidente norteamericano fue apoyado por los británicos, que junto con el resto de países de la Commonwealth cortaron sus relaciones comerciales con Japón, y por el gobierno de los Países Bajos en el exilio temerosos de que, tras la

FRANKLIN D. ROOSEVELT, GOBERNADOR DEL ESTADO DE NUEVA YORK, se dirige a sus seguidores durante un mitin de la primera campaña electoral que le conduciría a la presidencia del país. Fue el único que ostentó el cargo durante cuatro mandatos (1933-1945), antes de que se limitara esta posibilidad por ley.

ocupación de la Indochina francesa, le tocase el turno a las Indias Holandesas, con la metrópoli ya ocupada por los nazis, y a los dominios británicos.

Era evidente que con esta cadena de medidas Japón quedaba asfixiado económicamente y obligado a replantearse la viabilidad de su política expansiva en el continente asiático a costa de China. Pero si no quería hacer esto último, no le quedaba más opción que ir a la guerra para apropiarse por la fuerza de las materias primas que se le negaban por las buenas. Ante la creciente amenaza, Roosevelt pidió en septiembre de 1940 al Congreso que aprobase la primera llamada al servicio militar obligatorio que se hacía en Estados Unidos en tiempo de paz, lo que le permitió incorporar 1.200.000 hombres a las fuerzas armadas. Todos estos datos han llevado a que varios historiadores hayan especulado con que el presidente norteamericano pretendiese provocar a Japón para que iniciase el desencadenamiento de hostilidades y, de esta manera, tener una excusa ante la opinión pública para entrar en la guerra y acabar con la amenaza nipona en el Pacífico. En este estado de tensión, en 1940, fue nominado a la presidencia por tercera vez, hecho inusual. Entre las medidas que impulsó ese año estuvo la asignación de 12.000 millones de dólares a gastos militares, lo que generó más de dos millones de puestos de trabajo en la industria armamentística, y contribuyó decisivamente a la reducción del paro que aún se sufría como efecto de la Gran Depresión.

ROOSEVELT LOGRÓ QUE CHURCHILL LES PERMITIERA CONSTRUIR BASES MILITARES EN EL CARIBE, TERRANOVA Y OTROS ENCLAVES BRITÁNICOS

Mientras tanto, con Francia ya vencida en 1941, la ayuda a Gran Bretaña se intensificó. Se aceptó entrenar a pilotos de la *Royal Air Force* (fuerza aérea británica), así como reparar los buques británicos en los astilleros estadounidenses. Un paso aún más decisivo fue la aprobación de la Ley de Préstamo y Arriendo, en marzo de 1941, que permitía al presidente vender, ceder, arrendar o prestar cualquier medio o artículo de defensa a los gobiernos de Gran Bretaña y Francia; al mes siguiente se extendió a China, y a la Unión Soviética, cuando fue invadida por Alemania. Un mes después de este ataque tuvo lugar la reunión entre Roosevelt y Churchill a bordo del USS *Augusta*, en medio del Atlántico. En el punto seis de la resolución fruto de aquel encuentro, conocida como Carta del Atlántico, se establece: "Tras la destrucción total de la tiranía nazi, [Estados Unidos y Gran Bretaña] esperan que se establezca una paz que permita a todas las naciones vivir con seguridad en el interior de sus propias fronteras y que garantice a todos los hombres una existencia libre, sin miedo ni pobreza". Con ello se hacía evidente que, de hecho, existía un estado de guerra oficioso entre Alemania y Estados Unidos.

A partir de ese momento los británicos pasaron a disponer de un crédito ilimitado y sus convoyes fueron escoltados en gran parte por la armada estadounidense. Pero, para guardar las formas, sus buques lo hacían con bandera canadiense o británica; a cambio de esa cesión de las naves de guerra, Roosevelt logró que Churchill ler permitiera construir bases militares en el Caribe, Terranova y otros enclaves. Se calcula que a lo largo de la guerra, en base a esta ley, Estados Unidos envió a los países beligerantes aliados material por valor de más de 50.000 millones de dólares de la época, de los que el 65 % fueron destinados a Gran Bretaña.

Cuando el 7 de diciembre de 1941 se produjo el ataque japonés a Pearl Harbor, la industria de guerra norteamericana, aunque no a pleno funcionamiento, estaba ya perfectamente engrasada. La agresión consiguió lo que Roosevelt pretendía: el cambio total de la opinión pública norteamericana, que abandonó su aislacionismo. El odio a Japón se desató y más de 100.000 inmigrantes de origen japonés fueron privados de sus derechos y confinados hasta el fin de la guerra. El hecho de que Hitler declarara la guerra a Estados Unidos permitió a Roosevelt extenderla a todo el mundo y, con ello, consagrar a su país como gran superpotencia. En pocos meses supo dar la vuelta a la situación en el Pacífico y, algo más tarde, en Europa. En 1944, dado el panorama bélico, fue aún reelegido por un cuarto mandato, caso único en la historia de su país.

Durante la guerra Roosevelt se mostró muy activo en los contactos con sus homólogos aliados, tanto para coordinar los esfuerzos bélicos como para sentar las bases de la futura paz, como atestiguan las numerosas conferencias en las que participó: Atlántico, Casablanca, Teherán, El Cairo y Yalta, y fue el principal impulsor de la futura Organización de las Naciones Unidas como modo de preservar la paz mundial.

Sin duda fue Yalta la más famosa reunión, además de la última, en que participó, en febrero de 1945. Su salud estaba muy deteriorada a causa de un cáncer cerebral. Su estado explica la ingenuidad y torpeza que mostró ante Stalin, a quien no pudo arrancar ninguna concesión. Dos meses después caía muerto sobre su mesa de trabajo víctima de una hemorragia cerebral. Junto a él estaba su primera amante, Lucy Mercer, a quien había conocido cuando en 1913 pasó a ser secretaria de su esposa Eleanor. Una incógnita planea sobre las que hubieran podido ser sus decisiones futuras: ¿hubiese autorizado el uso de las bombas atómicas como hizo su sucesor Harry Truman? [J.C.L.]

RETRATO DEL PRESIDENTE FRANKLIN D. ROOSEVELT, sentado con su familia y dos setters irlandeses junto a la chimenea de su residencia en Seattle, el 1 de enero de 1937. Tras el presidente se encuentra su hijo James y, también de pie, su yerno John Boettiger, detrás de la esposa del presidente, Eleanor Roosevelt. A la izquierda de la imagen se ve a la mujer de James, Betsy Cushing Roosevelt, y a la derecha la hija del presidente, Anna E. Roosevelt Boettiger. Los dos niños son los hijos de Anna, Curtis Bean Dall y Eleanor.

CAPÍTULO 01

IMPREVISIÓN ESTADOUNIDENSE ANTE EL ATAQUE A OAHU

El nombre de Pearl Harbor ha pasado a la historia como paradigma de la agresión realizada sin previa declaración formal de guerra y basada en el efecto sorpresa. El presidente norteamericano Franklin D. Roosevelt calificó la fecha de ataque como el "Día de la Infamia".

En la actualidad sabemos que los servicios secretos y de información estadounidenses conocían con gran exactitud los planes agresivos de Japón y que ciertos errores en la transmisión de las órdenes ocasionaron la absoluta sorpresa del ataque nipón sobre las islas Hawai. La agresión japonesa podría haber tenido menores consecuencias, en pérdidas humanas y materiales, que las que realmente ocasionó.

Eran alrededor de las 8 de la mañana de aquel domingo 7 de diciembre de 1941 y el *commander* (capitán de fragata) Knefler McGuinnis, jefe de la estación aeronaval de Kaneohe, se quedó materialmente boquiabierto cuando los aviones japoneses de la primera oleada comenzaron a ametrallar las instalaciones de la base, situada al noreste de la isla de Oahu. Minutos antes habían tenido noticias de que un hidroavión Consolidated PBY-5 Catalina, del *Squadron* VP-14 de la base, había visto cómo el destructor USS *Ward* lanzaba cargas de profundidad contra un misterioso submarino. Todo parecía tratarse de un trágico error y que los tripulantes del destructor habían atacado a un submarino propio. Pero el rugido de los motores y las ráfagas de ametralladora de los aviones atacantes obligaron a McGuinnis a desentenderse de sus reflexiones acerca del incidente.

Un grupo de 11 aviones cazas Mitsubishi A6M2b Zero, procedentes de los portaaviones *Shokaku* y *Zuikaku*, acribillaba los cascos de 30 hidroaviones norteamericanos: 26 permanecían estacionados cerca de las rampas que descendían hasta el agua y cuatro estaban dispuestos para emprender el servicio de patrulla marítima amarrados en aguas de la bahía. Tras unos instantes de estupor y atolondramiento el personal de la base comenzó a correr en dirección a sus puestos de combate o hacia la armería, abriendo allí, febrilmente, las cajas de municiones e instalando con precipitación las armas defensivas antiaéreas. Las tripulaciones

SIGNIFICATIVO CARTEL NORTEAMERICANO DE 1942, relativo al sorpresivo ataque sobre Pearl Harbor. El lema no puede ser más expresivo: "¡Venguemos el 7 de diciembre!".

EL USS 'ARGONAUT' (SM-1) salió de Pearl Harbor la madrugada del 7 de diciembre de 1941 hacia la isla de Midway, para enfrentarse a una todavía hipotética invasión japonesa.

de los hidroaviones se dirigieron hacia sus aparatos tratando de salvarlos de la quema. Pero los cazas atacantes volvieron para realizar otra pasada, siendo esta vez recibidos por descargas de las ametralladoras antiaéreas e, incluso, con fuego de armas ligeras que empuñaban los marineros de la base. Poco después se unieron al ataque algunos bombarderos en picado Aichi D3A1 Val, que alcanzaron los hangares y otras instalaciones de la estación aeronaval. La mayoría de los 36 hidroaviones americanos Consolidated PBY-5 de la *Pat Wing* 1 (Ala de patrulla 1), acantonados en la estación aeronaval de Kaneohe, habían quedado fuera de combate tras el eficaz ametrallamiento de los Mitsubishi A6M2b Zero, armados con dos cañones de 20 mm, además de dos ametralladoras de 7,7 mm.

Situaciones similares a las relatadas se vivieron en los aeródromos de Wheeler Field, Hickam Field y Bellows Field, pertenecientes al US *Army Air Corps* (Cuerpo aéreo del ejército de los Estados Unidos). Lo mismo ocurrió en Ewa Field, base de los aviones de marines (infantería de marina), o en las instalaciones navales de Pearl Harbor, donde se encontraba la mayoría de los navíos de la flota del Pacífico norteamericana, con excepción de los portaaviones.

Los aviones japoneses de la primera oleada de ataque, bajo el mando del capitán de fragata Mitsuo Fuchida, tenían dos alternativas para efectuar la operación, según fuese conseguida o no la sorpresa. En el primer caso, el grueso de la formación aérea –primero los torpederos Nakajima B5N2 Kate y a continuación los Aichi D3A1 Val de bombardero en picado– debía concentrarse sobre los buques de la flota americana y el resto de las unidades lo haría después sobre el puerto,

los aeródromos y las bases aeronavales. En caso de no lograrse la sorpresa, el objetivo principal serían las instalaciones aéreas, para así impedir la reacción de la caza adversaria y lanzar, más tarde, el ataque sobre los buques, ya sin oposición en el aire.

En cuanto el capitán de fragata Fuchida comprendió que la sorpresa se había conseguido, abrió la cabina central de su triplaza Nakajima B5N2 y lanzó un cohete negro: era la señal fijada de antemano. Varias de sus unidades aéreas se percataron del mensaje y enfilaron las instalaciones portuarias de Pearl Harbor; sin embargo, otras escuadrillas continuaron su rumbo, sin maniobrar en absoluto. Fuchida se decidió entonces a lanzar un segundo cohete, lo que generó cierta confusión, pues muchos pilotos entendieron que la sorpresa no se había logrado. Pero ello no impidió que hubiese ataques aéreos simultáneos de los bombarderos en picado y de los torpederos sobre el puerto militar, así como de los cazas Mitsubishi A6M2b Zero sobre las bases aéreas de la isla de Oahu. De todas maneras, la sorpresa se había logrado y la primera oleada de aviones tuvo un éxito rotundo.

¿Por qué se había producido tal ataque sorpresivo y sin previa declaración de guerra? Japón había comenzado una política expansionista a principios de la década de 1930, la cual había desembocado en la guerra chino-japonesa, a raíz de las acciones militares emprendidas en 1932, y en la conquista de la península de Corea. La necesidad de conquistar un nuevo "espacio vital" para descongestionar el superpoblado archipiélago japonés y las ambiciones comerciales de la naciente potencia económica de Japón chocaban frontalmente con la presencia colonial en Asia de Estados Unidos y de los países europeos más poderosos, como Gran Bretaña, Francia y Holanda. Las bases militares americanas en Hawai y en Filipinas, las británicas en Malasia, las francesas en Indochina y las neerlandesas en las islas de Java y Sumatra significaban un grave impedimento para la política imperialista japonesa.

Si bien el Imperio japonés se había adherido al Eje Berlín-Roma, el conflicto europeo no arrastró al país asiático a una automática declaración de guerra a los aliados. El gobierno nipón estableció conversaciones diplomáticas con Estados Unidos, en apariencia conciliadoras, al objeto de limar asperezas ante el choque de intereses de ambos países en el continente asiático y en el océano Pacífico. No hay que olvidar que los norteamericanos apoyaban al gobierno chino en su lucha contra Japón. Sin duda, los contactos diplomáticos no eran más que una maniobra dilatoria, pues de sobra conocía Japón que los estadounidenses jamás se doblegarían, ni cederían un ápice de su posición ante un ultimátum de cualquier tipo. En realidad los japoneses ya tenían decididos sus planes para el ataque contra Estados Unidos en el Pacífico.

EN REALIDAD LOS JAPONESES YA TENÍAN DECIDIDOS SUS PLANES PARA EL ATAQUE CONTRA LOS ESTADOS UNIDOS EN EL PACÍFICO

Japón, que dependía del exterior para la obtención de materias primas, decidió que debía extender su dominio sobre todo el continente asiático y las islas del Pacífico; incluso llegó a pensar en una posterior invasión de Australia, en caso de que la campaña se desarrollase de acuerdo con lo previsto en los planes originales. En líneas generales este plan de expansionismo militar consistía en asestar un primer golpe sobre la base americana de las islas Hawai, seguido de desembarcos en varios lugares estratégicos de la costa china, de las penínsulas de Malaca e Indochina, así como en las islas Filipinas y en el archipiélago indonesio. Se trataba, pues, del importante objetivo de expulsar a los americanos y a los europeos de sus colonias asiáticas. En primer lugar se pensó atacar las bases americanas de Filipinas, pero Japón al

TRAYECTO DE LA FLOTA JAPONESA HASTA HAWAI (del 26 de noviembre al 7 de diciembre de 1941)

El 26 de noviembre, la flota del vicealmirante Chuichi Nagumo zarpó de las islas Kuriles con rumbo a Hawai. Tras días de navegación a ritmo lento, el día 2 recibió el mensaje "subid al monte Niitaka", que confirmaba la inminencia del ataque. El día 7 se situó a 230 millas al norte de la isla de Oahu y pasadas las 06:00 h los cazas Mitsubishi A6M2b Zero iniciaron el despegue desde los portaaviones.

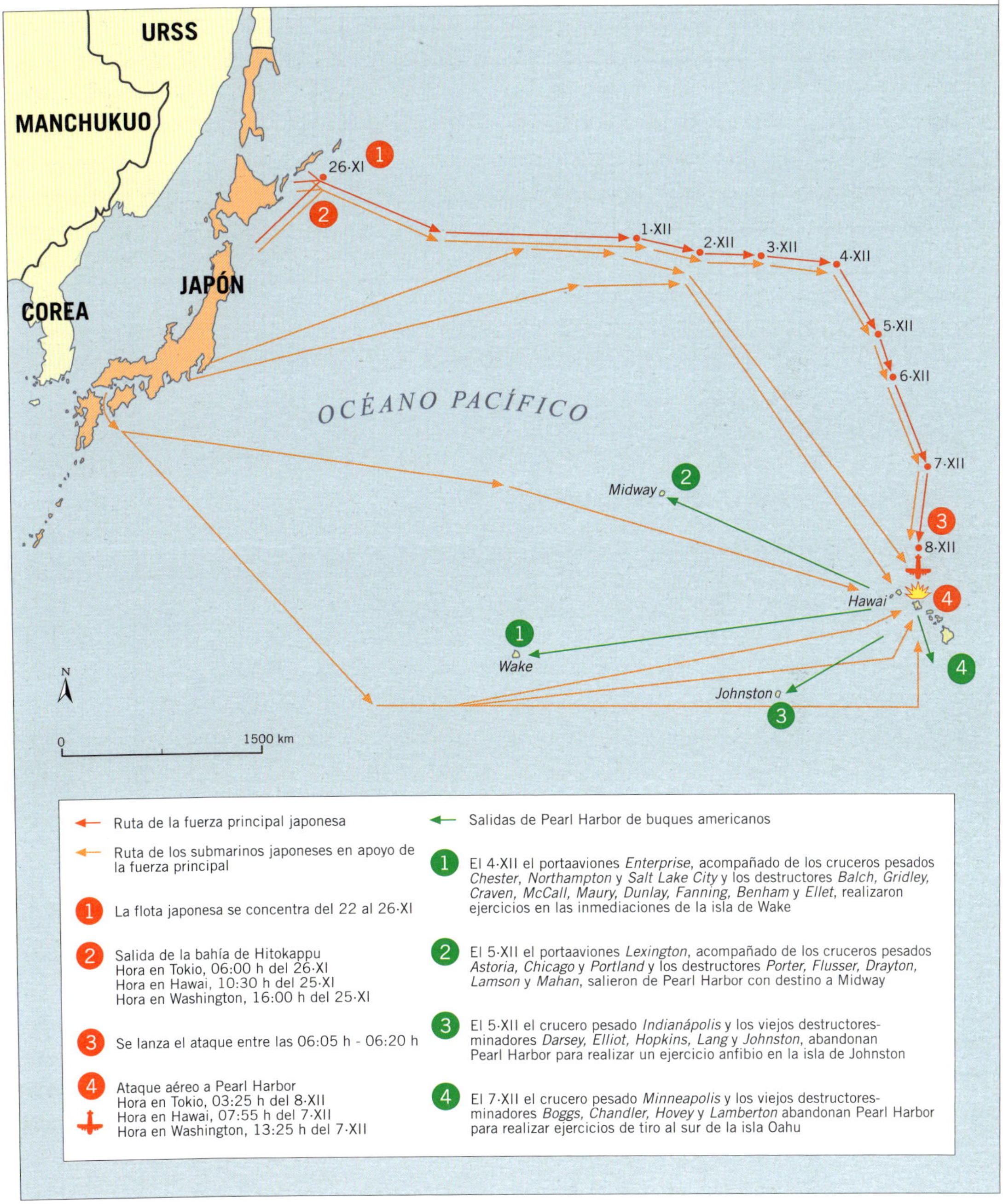

LOS EFECTOS DE LOS BOMBARDEROS JAPONESES sobre los buques norteamericanos atracados en la base aeronaval de Pearl Harbor fueron verdaderamente devastadores.

final comprendió que había que empezar, necesariamente, por la importante base aeronaval de los Estados Unidos en el Pacífico: Pearl Harbor. El éxito posterior del plan dependía de ello. El ataque sobre las Filipinas se dejaría para más tarde.

Cuatro meses antes del ataque del 7 de diciembre de 1941, el estado mayor de la marina imperial japonesa, dirigido por el almirante Isoroku Yamamoto, consideró que el plan previo era demasiado recatado y tímido. Por tanto decidió su profunda modificación: necesariamente habría de ser más contundente y agresivo. El nuevo estudio del ataque aeronaval sobre Pearl Harbor fue encomendado al contraalmirante Ryunosuke Kusaka, jefe de la 24ª *Koku Sentai* (24ª Flotilla aérea), a quien el plan inicial le pareció no demasiado bien concebido y consideraba que los medios empeñados en el ataque eran escasos y débiles. Kusaka reelaboró el proyecto, con medios y objetivos mucho más acordes con la realidad. El nuevo plan agradó a Yamamoto y éste dio su total aprobación.

La nueva estrategia se basaba en el secreto más absoluto y en asumir importantes riesgos, puesto que había que mover una numerosa flota de portaaviones, buques de escolta y de apoyo logístico, sin que el futuro enemigo pudiese detectar el movimiento de tan importante cantidad de barcos de guerra. El éxito inicial radicaba en lograr este desplazamiento naval sin ser descubiertos.

En cuanto al plan de ataque aéreo, éste era bastante sencillo. Se trataba de lanzar, desde los seis portaaviones, dos oleadas sucesivas de aparatos de bombardeo horizontal, de bombardeo en picado y de torpederos, con la correspondiente escolta de cazas. En realidad, deberían intervenir en el ataque tres modelos de aviones distintos, todos ellos

monomotores embarcados en portaaviones: los bombarderos en picado Aichi D3A1 Val, los Nakajima B5N2 Kate, que podían ser utilizados como torpederos o bombarderos horizontales indistintamente, y los Mitsubishi A6M2b Zero, de caza.

La primera oleada aérea debería sujetarse al siguiente plan: el primer grupo de asalto, constituido por aviones Nakajima B5N2 Kate equipados con torpedos y bombas, debería atacar, con cuatro escuadrillas de aviones de cada modalidad, a los tres portaaviones y a los cuatro acorazados norteamericanos, teniendo como prioridad batir a los acorazados; el segundo grupo de aviones Aichi D3A1 Val atacaría en picado las bases aéreas de Ford Island e Hickam Field (15ª Escuadrilla) y Wheeler Field (16ª Escuadrilla); el tercer grupo de ataque, constituido por aviones de caza Mitsubishi A6M2b Zero, debería atacar a los aviones enemigos en el aire o en el suelo, según las circunstancias.

BANDERA DEL JEFE DE OPERACIONES NAVALES, el oficial de mayor rango de la armada de los Estados Unidos.

La segunda oleada de aviones atacantes ejecutaría las siguientes misiones: el primer grupo de asalto integrado por los aparatos Nakajima B5N2 Kate bombardearía, en horizontal, los aeródromos de Kaneohe, Ford Island y Barbers Point (15ª Escuadrilla) y los de Hickam Field y Ford Island (16ª Escuadrilla); el segundo grupo de ataque de aviones Aichi D3A1 Val debería repetir el bombardeo en picado sobre los portaaviones, los acorazados y los cruceros situados en la base naval de Pearl Harbor; el tercer grupo de cazas Mitsubishi A6M2b Zero, al igual que los de la anterior oleada, atacaría a los aviones enemigos en vuelo o en tierra.

Intensa preparación del ataque

Para llevar a cabo el ambicioso plan previsto por el estado mayor, los aviones navales japoneses se habían preparado a conciencia. Las enseñanzas de la guerra aeronaval en Europa fueron profundamente estudiadas por los marinos nipones. En particular la utilización de los aviones torpederos motivó un especial interés en el seno de la armada imperial japonesa. En general, y hasta entonces, el lanzamiento de los torpedos aéreos desde los aviones de esta especialidad se realizaba a bastante distancia de los barcos enemigos. Estos artefactos bélicos se hundían unos 20 m en el agua para, poco a poco, ir ascendiendo a la superficie. Se podría decir que esta operación "consumía distancia" y el mecanismo de iniciación de la carga explosiva no se activaba hasta el transcurso de un tiempo determinado. Por otra parte, estos lanzamientos a considerable distancia hacían visible la estela del torpedo, razón por la cual los barcos atacados lograban eludir, en bastantes ocasiones, los impactos en sus cascos. Estos inconvenientes fueron subsanados por los japoneses, quienes diseñaron un nuevo modelo, el torpedo Tipo 91 Kai, que hacía una inmersión poco profunda, merced a unas aletas especiales de madera, se activaba el mecanismo casi inmediatamente y se lanzaba a corta distancia del objetivo.

Las poco profundas aguas de la bahía de Pearl Harbor no iban a constituir un grave inconveniente para el uso de estas nuevas armas. Una vez perfeccionado el nuevo torpedo, las tripulaciones de los aviones triplaza Nakajima tipo 97 Kate se sumieron en intensas maniobras para perfeccionar los vuelos de lanzamiento sobre blancos colocados en la bahía nipona de Kagoshima, muy parecida a la que albergaba la base naval americana de la isla de Oahu.

LOS IMPONENTES ACORAZADOS DE LA FLOTA COMBINADA JAPONESA

En 1941, la armada imperial japonesa contaba con seis acorazados muy superiores a los estadounidenses, entre los que destacaba su buque insignia, el 'Nagato', a bordo del cual se recibió el mensaje "Tora, Tora, Tora" durante el ataque a Pearl Harbor.

1941 7 DICIEMBRE

FLOTA COMBINADA → **6 ACORAZADOS**

CLASE I

Fuso | **Yamashiro**

1930 Fueron extensamente modernizados y se les dio una típica superestructura en forma de pagoda.

Hundido durante la batalla del golfo de Leyte por torpedos.

Fue el último acorazado hundido por fuego naval, en la batalla del golfo de Leyte.

CLASE II

Ise | **Hyuga**

Similares a los de **CLASE I**, pero con un puente más próximo a la proa y el armamento secundario concentrado hacia popa.

Capaz de transportar 14 bombarderos en picado Yokosuka D4Y y 8 hidroaviones Aichi E16A.

24 de julio de1945 Hundido en su amarre de la ciudad de Kure por ataque aéreo.

CLASE III

Nagato | **Mutsu**

Primeros acorazados del mundo en montar cañones de 406 mm.

Fue durante varios años el buque insignia.

1946 Resultó destruido durante pruebas nucleares en Bikini.

Resultó destruido por una explosión interna.

La **Flota Combinada** se completaría luego con el majestuoso **Yamato**, el mayor acorazado del mundo.

NAGATO

Desplazamiento: **39.000 t**

Dotación: **1.450 hombres**

Armamento: **8 cañones de 406 mm 18 cañones de 140 mm, 25 AA de 25 mm**

Blindaje: **cintura acorazada: 305 mm, barbetas: 305 mm, torres: 356 mm**

Velocidad: **26 nudos**

Autonomía: **8.500 millas**

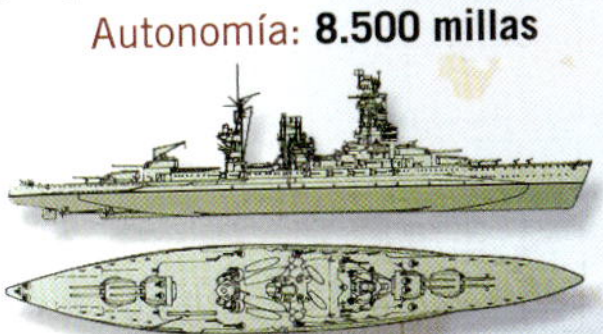

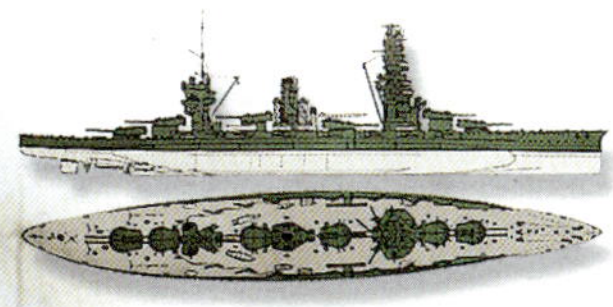

FUSO

Desplazamiento: **36.500 t**

Dotación: **1.200 hombres**

Armamento: **12 cañones de 356 mm, 14 cañones de 152 mm, 16 AA de 25 mm**

Blindaje: **cintura acorazada: 305 mm, barbetas: 203 mm, torres: 305 mm**

Velocidad: **22,5 nudos**

Autonomía: **8.000 millas**

Los meticulosos japoneses llegaron incluso a construir una inmensa maqueta de Pearl Harbor para familiarizar a los aviadores navales que habrían de llevar a cabo el ataque sobre sus instalaciones.

EL ALMIRANTE ISOROKU YAMAMOTO, hijo de un samurái de Nagaoka, dirigió como comandante en jefe de la flota imperial japonesa el ataque sobre Pearl Harbor.

El capitán de corbeta Minoru Genda fue un especial defensor de los aviones torpederos, fe que no compartía buena parte del estado mayor aeronaval japonés. Pero los resultados obtenidos habrían de confirmar las esperanzas de Genda y borrar cualquier desconfianza en los componentes del alto mando de la armada nipona.

Información militar norteamericana

Los servicios de información estadounidenses estaban al corriente de los planes agresivos de Japón. Contaban con una máquina capaz de descifrar los mensajes diplomáticos nipones, lo que permitía tener un exacto conocimiento de los planes político-militares del imperio asiático. En este sentido, existe un documento revelador: un mensaje cursado desde Washington y dirigido al almirante Kimmel, jefe de la US *Navy* en las islas Hawai. Tal telegrama, enviado un mes antes del ataque, decía lo siguiente:

"Este telegrama debe ser considerado como un aviso de guerra. Se han interrumpido las negociaciones con el Japón que pretendían estabilizar la situación en el Pacifico y hay que esperar una agresión por parte de los japoneses dentro de pocos días. Los efectivos y el armamento de sus tropas navales indican una operación anfibia, bien contra las Filipinas, Tailandia, el istmo de Kra, o quizá contra Borneo. Proceda a un despliegue defensivo y preparatorio para cumplir las misiones asignadas por WPL 46. Prevenga a la región marítima y a las autoridades del ejército. El departamento de Guerra cursa un aviso análogo. Spenavo (acrónimo de *Special Naval Observer*) informa a los británicos. Las regiones del continente, Guam y Samoa, tomarán medidas contra los sabotajes".

| INVENTOS BÉLICOS | 1939-1945 |

EL PERFECCIONAMIENTO DE LA FOTOGRAFÍA AÉREA

Cuando a mediados del siglo XIX se produjo el gran invento de la fotografía, los militares vieron su aplicación al retrato propagandístico y heroico, pero poco más. Sin embargo, a partir de la segunda mitad del siglo, se fueron desarrollando los servicios de aerostación de globos, que permitían una cierta navegación con el fin primordial de observar las fuerzas de los ejércitos enemigos, su disposición, sus defensas y fortificaciones, así como los accidentes geográficos que era preciso tener en cuenta para las maniobras militares. En un principio sus navegantes dibujaban con toda la precisión posible las posiciones enemigas, pero enseguida vieron las grandes posibilidades que tenía el descubrimiento de la fotografía: incorporada a los globos permitiría un reflejo mucho más detallado del panorama y un mejor análisis del mismo.

El nuevo invento fue usado por la aviación al principio de la Primera Guerra Mundial con los mismos fines, logrando un ostensible mayor radio de acción, y las aeronaves incorporaron sistemas automáticos de fotografía. Sin embargo, la utilización masiva de los bombardeos en la Segunda Guerra Mundial hizo imprescindible una mejora ostensible de la fotografía aérea si se quería que los lanzamientos de las bombas fuesen eficaces y cayesen con precisión sobre los objetivos. A tal fin, antes de proceder a los ataques aéreos, se enviaban aparatos de observación dotados de eficaces máquinas, que servían para fijar los objetivos del ataque a los bombarderos. Los equipos debían de estar instalados en aviones de largo alcance, rápidos y con capacidad para operar a gran altura, que les permitiese tener posibilidades de volver a sus bases con ciertas garantías, pues en caso de ser derribados de nada servía las imágenes hechas.

Alemania, confiada en el poder de su aviación y en lo evidente de su victoria, descuidó bastante la observación fotográfica, sobre todo en Gran Bretaña. El caso opuesto se dio en el bando enemigo. Británicos y estadounidenses, cuando emprendieron su campaña de ataques aéreos masivos a partir de 1942, lo hicieron acompañados de importantes equipos de observación antes y después de las operaciones, tanto para detectar los objetivos como para valorar los resultados. La fuerza aérea estadounidense fue la que más atención dedicó a este aspecto. A diferencia de los británicos, partidarios de los bombardeos en alfombra poco selectivos y realizados de noche, los norteamericanos se inclinaron por los bombardeos de precisión, que efectuaban de día. Ello requería una aplicación fotográfica de alta tecnología que les permitió unos eficientes ataques, a pesar de sufrir importantes bajas por parte de las defensas aéreas alemanas que podía actuar mejor con luz diurna.

Cabe destacar que los alemanes, incapaces cada vez más de responder en el terreno militar, lo hicieron mejorando en mucho las técnicas de camuflaje. Con ellas simulaban fábricas e instalaciones destruidas para que no fuesen atacadas, cuando en realidad funcionaban correctamente, o bien las disimulaban cubriéndolas de todo tipo de camuflajes. Ello logró engañar en numerosas ocasiones a los reconocimientos aliados, pero en nada cambiaron el curso de la guerra. [J.C.L.]

OBJETIVO LOGRADO. Fotografía que da fe del bombardeo por parte de la aviación estadounidense de la vía férrea que cruza la frontera noroeste de Alemania, el 22 de febrero de 1945.

VISTA AÉREA DE FORD ISLAND, en la bahía de Pearl, sede de una de las dos estaciones aeronavales norteamericanas establecidas en la isla de Oahu. La fotografía fue tomada por uno de los observadores de un avión japonés durante el ataque.

Es curioso consignar que el documento anterior no contiene la más mínima mención acerca de un posible ataque sobre las propias islas Hawai. Pero el más importante contenido del telegrama lo constituía el rotundo aviso de ataque: la guerra con Japón era inminente e inevitable. La pregunta clave, a tenor de lo visto, radica en saber si el estado mayor y el gobierno estadounidense conocían exactamente el punto donde atacarían los japoneses. Probablemente la respuesta sea que no, pero lo cierto es que el presidente Franklin D. Roosevelt era un firme partidario del apoyo a Gran Bretaña, que resistía en solitario el empuje de las fuerzas del Eje en Europa y en el norte de

África. El presidente norteamericano se encontraba con las graves dificultades de tener una opinión pública contraria a la entrada en la guerra y con las cámaras legislativas muy cercanas a dicha opinión. Franklin D. Roosevelt sabía que Alemania e Italia jamás provocarían al gigante americano. No así Japón que, inevitablemente, tendría que atacar a los Estados Unidos.

Confusión en las islas Hawai

Los mandos navales y militares de las islas Hawai conocían la inminente agresión japonesa a los Estados Unidos, aunque no se esperaba que fuese sobre las propias islas. Sin embargo, una serie de circunstancias, que tal vez se podría calificar de anecdóticas, ridículas o casi cómicas –si no fuera por lo grave del asunto–, permitieron la sorpresa del ataque aéreo sobre la isla de Oahu, la obtención de blancos facilísimos y la tardía reacción de las defensas norteamericanas.

El general George Marshall, jefe del estado mayor del ejército en Washington, en lugar de telefonear al general Walter Short, jefe del ejército en las islas Hawai, para prevenirle ante las seguras noticias del inminente ataque, prefirió remitirle un mensaje telegráfico no urgente que, además, fue cursado por vía de telegrama ordinario. Algo similar le ocurrió al almirante Husband Kimmel. El jefe del US *Army Air Corps*, el general Frederick Martin, había ordenado que los aviones de los aeródromos de Hickam Field y Bellows Field se agrupasen al borde de las pistas de

EQUIPO DE VUELO usado por los aviadores navales japoneses participantes en el ataque aéreo sobre Pearl Harbor.

LA BASE AÉREA DE WHEELER FIELD, perteneciente al US 'Army Air Corps' y sede de los aviones de caza, arde tras el devastador ataque de los aviones de bombardeo japoneses.

vuelo, en apretadas hileras y filas, custodiados por centinelas armados de fusil y bayoneta, pues temía más los sabotajes terrestres que un posible ataque aéreo. Como puede adivinarse sin dificultad, los aviones así concentrados y alineados constituyeron un blanco perfecto y facilísimo para los aparatos agresores de la aviación japonesa.

El ejército norteamericano contaba en la isla de Oahu con seis radares Westinghouse SCR-270, capaces de detectar con suficiente antelación las formaciones aéreas enemigas. Poco antes del ataque, los dos soldados operadores del radar ubicado en Opana Point observaron en la pantalla la primera oleada japonesa y cursaron el aviso correspondiente al oficial encargado del servicio en Wheeler Field. Este oficial, conocedor de que una formación de aviones cuatrimotores Boeing B-17C y E, pertenecientes a los 38° y 88° *Reconnaissance Squadrons* (escuadrones de reconocimiento) se dirigía a las islas Hawai procedente del continente americano, no dio mayor importancia al informe, pensando que se trataba de dichos aviones. Su frase habría de pasar a la historia: "Bueno, no se preocupe por eso. Si ve aviones, es porque los hay".

Varios comandantes de bases aéreas, buques de guerra e instalaciones militares americanas creyeron, en los primeros momentos del ataque, que se trataba de unas maniobras aéreas, de simples ejercicios, o bien de errores. Hasta que pudieron distinguir bajo las alas de los aviones agresores o en los fuselajes de los mismos los *hiromarus*: el emblema del Sol Naciente, los círculos rojos. Los aviones eran japoneses. No fue hasta entonces cuando comenzó a montarse una desorganizada defensa antiaérea que, pese a todo, consiguió derribar alguno de los aparatos agresores.

Los Estados Unidos mantenían en las islas Hawai un importante contingente de su flota del Pacífico, compuesta por tres portaaviones, acorazados, cruceros, destructores, submarinos y buques auxiliares.

En cuanto al ejército de tierra, en el archipiélago de las Hawai estaban destacadas las divisiones de infantería nº 24 y nº 25, amén de unidades de artillería de campaña, de costa y antiaérea, fuerzas de ingenieros y logísticas, con un total de 43.000 hombres. También contaba el ejército de tierra con fuerzas aéreas. No hay que olvidar que tanto la marina como el ejército norteamericanos tenían sus propios componentes aeronáuticos, ya que por estas fechas todavía no se habían constituido las fuerzas aéreas de los Estados Unidos (USAF) como ejército independiente. El US *Army Air Corps* destacado en las islas Hawai se organizaba en dos alas, una de caza, la 14ª y otra de bombardeo, la 18ª, a las que se sumaba un escuadrón independiente de observación aérea, el 86º.

En lo que se refiere al material aéreo de la marina norteamericana, estaba el despliegue de la aviación naval con base en tierra, que incluía los aviones del cuerpo de marines. El material aéreo de la US *Navy* se agrupaba en las dos alas de patrulla marítima, las *Pat Wing* 1 y 2, con bases en Kaneohe y Ford Island, y el Grupo nº 21 de los marines, en el aeródromo de Ewa Field.

En cuanto a las unidades aéreas embarcadas en los tres portaaviones asignados a la flota del Pacífico, no las reseñamos debido a que estos navíos no se encontraban en Pearl Harbor el 7 de diciembre de 1941. El portaaviones USS *Enterprise* había embarcado 12 cazas Grumman F4F-3 Wildcat del *Squadron* VMF-211, perteneciente al cuerpo de aviación de los marines, que marchaban destacados a la isla de Wake, con el objetivo de reforzar las defensas aéreas de esta posición avanzada y solitaria. El segundo portaaviones de la flota del Pacífico, el USS *Saratoga*, se encontraba en esos momentos en reparación en la base naval de San Diego (California) y el tercero, el USS *Lexington*, había transportado aviones Vougth SB2U Vindicator a las islas Midway y se encontraba en viaje de regreso a Pearl Harbor. Estas ausencias fueron providenciales para los estadounidenses ya que, de haberse encontrado los portaaviones en la base naval de la isla de Oahu, éstos hubiesen resultado hundidos o gravemente dañados, privando de esta manera a la marina norteamericana de tan valiosos elementos de combate.

PARA EL ATAQUE SOBRE LA BASE AERONAVAL DE PEARL HARBOR LA MARINA IMPERIAL JAPONESA ORGANIZÓ UNA FUERZA DE COMBATE MUY PODEROSA

Para el ataque sobre la base aeronaval de Pearl Harbor la marina imperial japonesa organizó una fuerza de combate muy poderosa. Nada menos que seis portaaviones que, para la ocasión, embarcaron más de cuatrocientos aviones de los tres modelos mencionados con anterioridad. Estos buques irían protegidos por otros navíos de línea, de escolta y submarinos. El almirante

EXPLOSIÓN DE LA SANTABÁRBARA DEL DESTRUCTOR norteamericano USS 'Shaw' alcanzado por las bombas de la aviación japonesa tras la primera oleada del ataque a la base naval de Pearl Harbor.

Isoroku Yamamoto encomendó al vicealmirante Chuichi Nagumo la dirección del conjunto de las fuerzas aeronavales atacantes.

A bordo de los portaaviones, habían sido embarcados 432 aviones, entre monomotores Nakajima B5N2 Kate, que podían ser utilizados como bombarderos horizontales o torpederos indistintamente, Aichi D3A1 Val, de bombardeo en picado y Mitsubishi A6M2b Zero, de caza.

El total de aviones operativos era de 392, ya que algunos aparatos se quedaron en reserva y otros se hallaban en reparación a bordo de los portaaviones. Los cruceros de batalla llevaban a bordo hidroaviones de exploración próxima Aichi E13A1 Jake, lanzados desde las catapultas que habían sido instaladas en los propios navíos.

CAPÍTULO 02

PRIMERA OLEADA DEL ATAQUE AÉREO JAPONÉS

El recrudecimiento de las hostilidades entre Estados Unidos y Japón hizo que el alto mando japonés preparara un ataque contra la flota estadounidense en el Pacífico desde enero de 1941. Aunque basado en el factor sorpresa, fue producto de un plan largamente urdido.

En la mañana del día 26 de noviembre de 1941 zarpó la flota imperial japonesa desde sus bases de Kure e Hiroshima. Esta poderosa fuerza de ataque tomó rumbo este, hacia un mar de aguas embravecidas, donde las tormentas tienen un carácter casi permanente. La flota japonesa estaba compuesta por seis portaaviones, dos acorazados, dos cruceros pesados, un crucero ligero, nueve destructores, 28 submarinos (cinco de ellos de bolsillo) y ocho buques de apoyo logístico. El rumbo este inicial era en realidad una maniobra táctica y estratégica, para evitar cruzarse con cualquier ruta de tráfico marítimo civil y lograr así despistar a los servicios de información enemigos. En su viaje, a velocidad lenta y cansina, en un mar embravecido, los seis portaaviones japoneses navegaban en dos columnas de a tres, siendo precedidos por la flotilla de destructores que hacía labores de descubierta, y flanqueados por los buques de mayor porte y los submarinos oceánicos. Las maniobras de tomar combustible se hacían peligrosas e interminables, ya que las gruesas mangueras de petróleo se rompían y azotaban las cubiertas como látigos. Varios tripulantes cayeron al agua y nada se pudo hacer por ellos. La meteorología continuaba siendo infernal.

En su cámara, el almirante Nagumo esperaba el mensaje secreto en clave que haría desencadenar la operación sobre Pearl Harbor. Este mensaje lo constituían tres palabras japonesas: *Niitaka Yama Nabora* (subid al monte Niitaka) que, una vez recibido, significaba que la guerra se había impuesto a la diplomacia y que las hostilidades deberían comenzar en la fecha prefijada. El lunes 1 de diciembre de 1941 el fatídico mensaje fue cursado desde Tokio al portaaviones *Akagi*, buque insignia del almirante Nagumo.

Solamente el estado mayor y los tripulantes de los aviones conocían los planes de ataque sobre las instalaciones navales norteamericanas; los demás marinos japoneses

UN SOLDADO NORTEAMERICANO ocupado en tareas de observación en un puesto de la costa de Oahu, con un moderno equipo de binoculares de precisión, al objeto de localizar buques o aviones enemigos.

no tenían ni idea de lo que se avecinaba. Fue entonces cuando el almirante informó a todas las dotaciones de la flota bajo su mando del importante objetivo que deberían cumplir. Las tripulaciones prorrumpieron en delirantes y exaltados gritos de *¡Banzai, banzai!* (grito que literalmente significa "diez mil años" y tiene el sentido de "larga vida"). La guerra era más que inminente.

El día 4 de diciembre, ya con rumbo hacia el sur y acercándose paulatinamente a las islas Hawai, en el estado mayor de la flota se recibieron nuevas informaciones radiadas desde Tokio. Se trataba de noticias procedentes de los servicios de espionaje japoneses establecidos en las islas norteamericanas del Pacífico. Se indicaba que, aparentemente, no había ninguna señal de alarma aparente y que los portaaviones no se encontraban en el puerto de Pearl. Cundió entonces un poco el desánimo entre los miembros del estado mayor nipón, pero algunos de ellos pensaban que quizás pudiesen arribar a puerto dichos navíos a lo largo de las jornadas siguientes.

No obstante, el 6 de diciembre el último mensaje procedente de Tokio borró cualquier otra especulación acerca de los portaaviones estadounidenses: "Buques amarrados en puerto: nueve acorazados, tres cruceros clase B, tres nodrizas de hidroaviones, 17 destructores. Entrando en puerto hay: cuatro cruceros clase B, tres destructores. Todos los portaaviones y cruceros pesados han salido del puerto. No hay indicaciones de cambios en la flota de Estados Unidos o algo fuera de lo normal."

Varios de los integrantes del estado mayor de la flota japonesa, ante la ausencia de los portaaviones, consideraban que se debía desistir del ataque sobre Pearl Harbor, pero el almirante Nagumo cortó todas las divagaciones de sus subordinados y decidió que no habría vuelta atrás. Los preparativos del raid aéreo deberían comenzar inmediatamente.

Antes de que los portaaviones japoneses lanzasen al aire sus aviones, alrededor de las 05:30 h del 7 de diciembre, los dos hidroaviones Aichi E13A1 Jake, embarcados en los cruceros *Tone* y *Chikuma,* fueron lanzados desde sus catapultas rodeados de la más completa oscuridad, para efectuar la primera descubierta aérea realizada por la flota japonesa antes del ataque.

| AVIÓN |

MITSUBISHI A6M REISEN ZERO

Este caza japonés logró superar a sus oponentes en maniobrabilidad cuando entró en servicio en 1941. Con un gran radio de acción, se convirtió en un enemigo temible. **Dotación:** 1. **Motor:** Nakajima NKIC Sakae de 950 CV. **V. máx.:** 540 km/h. **Techo de servicio:** 10.000 m. **Armamento:** 2 cañones de 20 mm y 2 ametralladoras de 7,7 mm.

Los dos hidroaviones regresaron a sus buques después de efectuar un detallado reconocimiento sin observar nada anormal. Los navíos norteamericanos seguían en el puerto de Pearl Harbor.

La fuerza de ataque japonesa se situó a 230 millas náuticas al norte de la isla de Oahu, preparando los aviones que habrían de formar la primera oleada de ataque. La suerte estaba echada. Los equipos de mantenimiento se activaban febrilmente a bordo de los portaaviones. El dispositivo táctico para la operación aérea sobre Pearl Harbor había sido organizado por el capitán de corbeta Minoru Genda, del estado mayor naval. Se articulaba en dos oleadas sucesivas, compuestas por unidades de bombardeo horizontal, de bombardeo en picado, de torpedeo y la correspondiente escolta de aviones de caza. Estos últimos aviones citados se utilizarían indistintamente en misiones de combate contra los aviones estadounidenses, caso de encontrarlos en el aire, o en servicios de ametrallamiento a los aeródromos enemigos.

Despega la primera oleada japonesa

La primera oleada de aviones atacantes, que debería despegar a las 06:00 h, se organizó bajo el mando del capitán de fragata Mitsuo Fuchida. Éste se dirigió al avión triplaza Nakajima B5N2 Kate de matrícula AI-301 que tenía asignado y que habría de encabezar la impresionante formación aérea de 144 aviones. Solamente él estaba autorizado para hacer uso de la radio durante el vuelo de aproximación a las islas Hawai. Los demás aparatos deberían mantener silencio radio, con el fin de preservar el más absoluto secreto.

Fuchida se reunió delante del avión con su piloto, el teniente de navío Mitsuo Matuzaki, y con el segundo observador, el alférez de navío Norinobu Mizuki. Después de intercambiar los saludos reglamentarios, los tres aviadores navales se encaramaron a bordo del avión, en sus puestos respectivos. Fuchida iba situado en el centro del aparato, entre sus dos compañeros. Todo estaba dispuesto para la salida. Los motores de los aparatos japoneses comenzaron a aumentar el régimen de revoluciones y el ruido se hizo ensordecedor en las cubiertas de los portaaviones.

Los navíos portaaeronaves viraron para situarse de proa al viento, maniobra que habría de facilitar el despegue de los aviones. Los oficiales de cubierta comenzaron a ondear las banderas de señales y los cazas Mitsubishi A6M2b Zero, uno a uno y con los motores a pleno régimen, iniciaron la maniobra de despegue, entre los delirantes gritos de júbilo de oficiales y marineros que se alineaban en cubierta para despedir a sus compañeros. Les siguieron los aparatos Nakajima B5N2, de bombardeo y torpedeo, y finalmente los Aichi D3A1, de bombardeo en picado. Entretanto los cazas, volando en círculo sobre los portaaviones, les esperaban para emprender el rumbo previsto. Tan pronto como todos los aviones estuvieron en el aire, se colocaron en formación predeterminada y tomaron rumbo sur, en dirección a las islas Hawai. Pasaban algunos minutos de las 6 de la mañana del día 7 de diciembre de 1941.

LOS CAZAS MITSUBISHI A6M2B ZERO, UNO A UNO Y CON LOS MOTORES A PLENO RÉGIMEN, INICIARON LA MANIOBRA DE DESPEGUE

El capitán de fragata Mitsuo Fuchida estaba satisfecho al contemplar la formidable formación aérea que comandaba. Aquel conjunto de aviones era impresionante. El jefe de la operación esperaba conseguir que los planes se cumplieran y obtener la sorpresa necesaria para lograr el éxito. Como magnífico navegante aéreo que era, Fuchida se esmeró en mantener el rumbo prefijado que les conduciría hasta las islas Hawai. Tras hora y media de vuelo sobre el mar, Fuchida sabía que ya debía encontrarse cerca del objetivo, pero una inmensa capa de nubes le impedía toda visión del horizonte o de la propia superficie del océano. Sintonizó en su receptor de radio una emisora comercial de Honolulú y utilizó el radiogoniómetro para comprobar su situación. Tras efectuar los cálculos pertinentes apreció que el rumbo era cinco grados incorrecto. Ordenó a su piloto, el teniente de navío Matuzaki, que efectuase las oportunas correcciones en la dirección del vuelo, lo que fue imitado por el resto de las unidades aéreas que le seguían.

Pero las espesas nubes continuaban preocupando a Fuchida ya que, si el puerto de Pearl se encontraba en las mismas condiciones atmosféricas, los aviones de bombardeo se encontrarían con serias dificultades para el ataque. Entonces la propia emisora de radio estadounidense le tranquilizó; un boletín de noticias transmitió un parte meteorológico en el cual se indicaba que, aunque el cielo de Oahu estaba parcialmente cubierto, la visibilidad era buena. La suerte se aliaba, una vez más, con los aviones atacantes.

Fuchida decidió evitar la cadena de montañas situada al este de la isla de Oahu y llegar con las formaciones aéreas procedentes del oeste y del suroeste sobre el objetivo. De pronto, las nubes se disiparon como por ensalmo y, a proa de su avión, pudo distinguir nítidamente la silueta de la costa de la isla, con su característico color verde tropical. ¡Allí delante estaba el objetivo!

LA FLOTA JAPONESA DURANTE EL ATAQUE A PEARL HARBOR

Los seis portaaviones japoneses que participaron en el ataque a Pearl Harbor constituían una magnífica fuerza, con una gran capacidad aérea, preparados para barrer del mapa cualquier obstáculo que los americanos pudieran improvisar.

Ataque a Pearl Harbor

- 6 portaaviones: *Akagi, Kaga, Shokaku, Zuikaku, Soryu* e *Hiryu*
- 370 aviones
- Pilotos experimentados

Mitsubishi A6M2b Zero
Caza
Armamento: **2 cañones de 20 mm**
2 ametralladoras de 7,7 mm
Velocidad: **540 km/h**

Aichi D3A1 Val
Bombardero en picado
Dotación: **2 hombres**
Armamento: **3 ametralladoras de 7,7 mm**
370 kg de bombas
Velocidad: **386 km/h**

Nakajima B5N2 Kate
Torpedero
Dotación: **3 hombres**
Armamento: **2 ametralladoras de 7,7 mm**
800 kg de bombas o 1 torpedo
Velocidad: **378 km/h**

Trayectoria posterior
Kaga, Akagi, Soryu e Hiryu: hundidos en la batalla de Midway.
Shokaku y el Zuikaku: en reparaciones tras la batalla del mar del Coral.
La *Teikoku Kaigun* (armada imperial) nunca se recuperaría de ese golpe.

Shokaku y *Zuikaku* se diseñaron originalmente como portaaviones y se encontraban entre los mejores del mundo en su época.

Shokaku
Desplazamiento: **29.000 t**
Dotación: **1.700 hombres**
Armamento: **16 cañones de 127 mm AA**
42 de 25 mm AA
84 aviones
Velocidad: **34 nudos**
Eslora: **250 m**

Soryu
Desplazamiento: **16.000 t**
Dotación: **1.100 hombres**
Armamento: **12 cañones de 127 mm AA**
31 de 25 mm AA
73 aviones
Velocidad: **34 nudos**
Eslora: **222 m**

Akagi y *Kaga*, su gemelo, fueron conversiones de barcos acorazados.

Akagi
Desplazamiento: **36.500 t**
Dotación: **2.100 hombres**
Armamento: **6 cañones de 203 mm**
12 de 120 mm AA
28 de 25 mm AA
91 aviones
Velocidad: **31 nudos**
Eslora: **260 m**

PRIMERA OLEADA DE ATAQUES A PEARL HARBOR (a las 07:49 h del día 7 de diciembre de 1941)

A las 07: 49 h del día 7 el capitán Mitsuo Fuchida radió la señal codificada de ataque "¡To... To... To...!" tras la cual los bombarderos en picado Aichi D3A1 se lanzaron sobre la base de Ford Island y el aeródromo de Hickam Field, mientras que los 40 Nakajima B5N2 Kate bombardearon los buques anclados en Pearl Harbor. A las 07:53 h el mensaje "Tora... Tora... Tora...!" confirmó el éxito del ataque sorpresa.

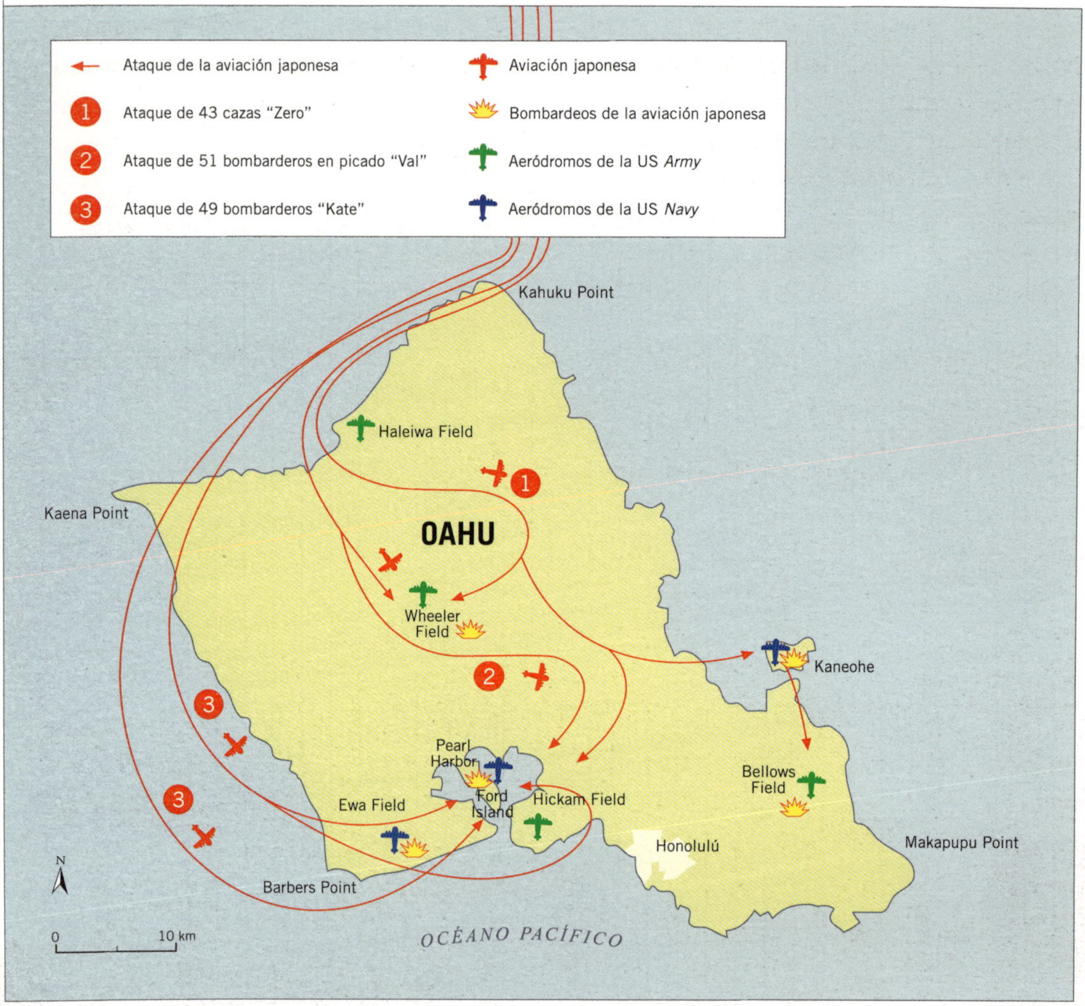

Nos hemos referido con anterioridad al incidente ocurrido con los cohetes de señales, en el que se produjo una cierta confusión momentánea, pero a las 07:49 h del 7 de diciembre el capitán de fragata Fuchida radió la señal codificada para lanzar el ataque: "¡To... to... to...!".

La formación compuesta por 26 bombarderos en picado Aichi D3A1 Val bajo el mando del capitán de corbeta Takahashi se dividió en dos más reducidas, lanzándose una de ellas sobre la estación aeronaval de Ford Island, situada en el centro de la bahía de Pearl Harbor, y la otra sobre el aeródromo militar de Hickam Field. Mientras tanto, los 40 Nakajima B5N2 Kate equipados con torpedos, bajo las órdenes del capitán de corbeta Murata, viraron para lanzar su mortíferos artefactos bélicos sobre los buques de gran porte situados en la base naval de Pearl Harbor. Se dividieron en dos formaciones, para atacar desde direcciones diferentes. Los aviones Nakajima tipo 97 Kate de bombardeo horizontal, dirigidos por el propio Fuchida, permanecieron a la espera, sobre la vertical de Barbers Point, al oeste de Pearl Harbor. No se veían aviones militares norteamericanos en el aire en actitud de repeler el ataque. Entonces los aviones de caza Mitsubishi A6M2b Zero se dirigieron, por grupos, hacia los aeródromos militares y las bases aeronavales de la isla de Oahu. Los aviones japoneses estaban atacando simultáneamente los

FOTOGRAFÍA DE LA PISTA de la base aérea militar de Hickam Field, en la que vemos dos filas de bombarderos Douglas B-18A Bolo. Los aviones de bombardeo nipones causaron numerosas pérdidas de aviones norteamericanos.

ACORAZADO

USS 'ARIZONA'

Este viejo navío de guerra estadounidense estaba ya muy desfasado en 1941, por lo que su pérdida en Pearl Harbor, aparte del valor humano, fue irrelevante militarmente. **Dotación:** 1.100. **Eslora:** 185 m **Manga:** 30 m. **V. máx.:** 21 nudos. **Autonomía:** 8.000 millas. **Armamento:** 12 cañones de 356 mm, 12 de 127 mm y 8 antiaéreos de 127 mm.

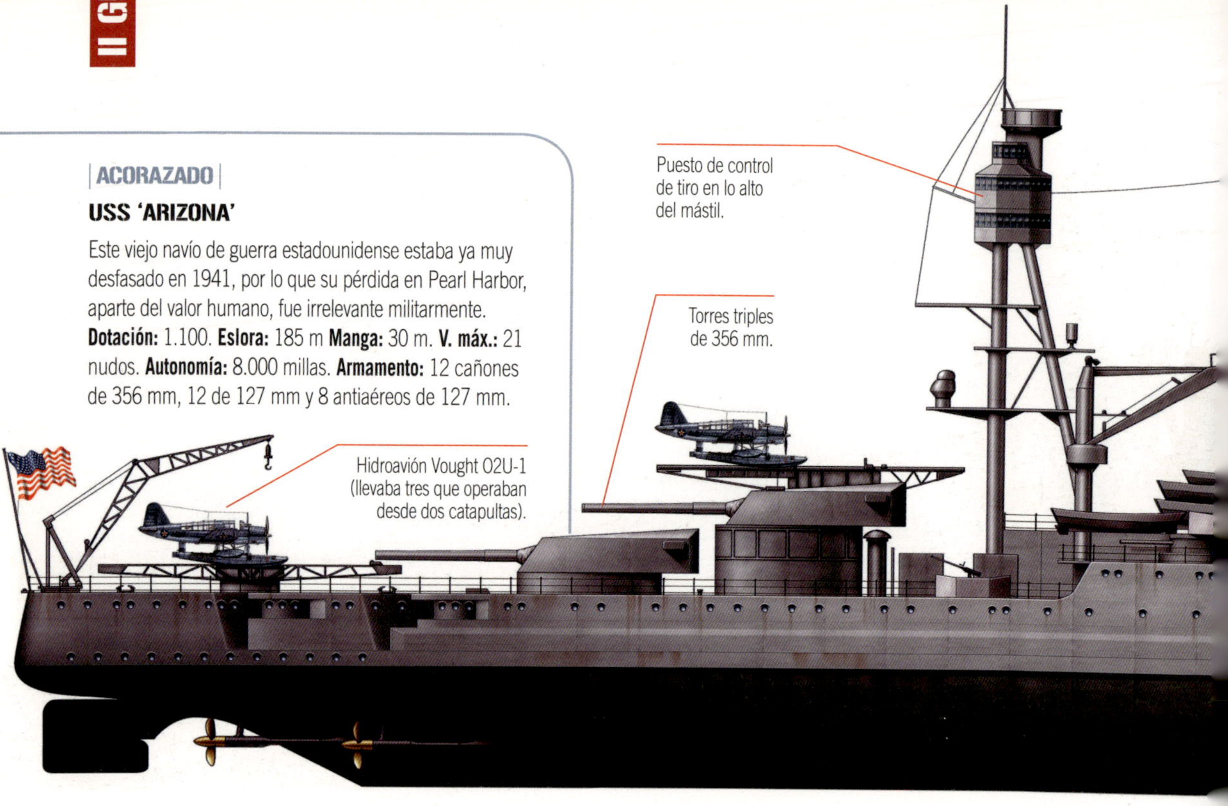

objetivos, en lugar de hacerlo escalonadamente, como en principio se había previsto, pero el capitán de fragata Fuchida consideró que ello no afectaría negativamente a los resultados del ataque. El éxito parecía que estaba garantizado.

¡Tora... Tora... Tora...!

Aun antes de que cayese la primera bomba o que se lanzase torpedo alguno sobre los buques norteamericanos, a las 07:53 h, Mitsuo Fuchida volvió a enviar al éter el siguiente mensaje en clave: "*¡Tora... Tora... Tora...!*" (¡Tigre... Tigre... Tigre...!).

Este mensaje de radio quería decir que el ataque por sorpresa se había conseguido con éxito total. Al recibirse a bordo del portaaviones *Akagi*, buque insignia de la flota japonesa, el mensaje mencionado, el almirante Nagumo y su jefe de estado mayor, Kusaka, se limitaron a darse un firme y prolongado apretón de manos. Ninguno de ellos cruzó una sola palabra. Quizás era demasiada la emoción del momento.

Tres minutos más tarde, a las 07:56 h, los aviones torpederos Nakajima B5N2 del capitán de corbeta Murata entraron por el valle que conduce al centro de la isla de Oahu, a baja cota, y descendieron aún más, hasta muy cerca de las tranquilas aguas de la bahía de Pearl Harbor, para fijar los blancos y conseguir lanzar los torpedos aéreos casi a quemarropa. En parejas, o bien de uno en uno, los torpederos Nakajima B5N2 Kate de la primera formación eligieron sus objetivos y efectuaron el ataque. Casi inmediatamente los cruceros USS *Raleigh*, USS *Utah* y USS *Helena* resultaron alcanzados por los artefactos explosivos japoneses, así como el minador USS *Oglala*. Otra formación de aviones torpederos Nakajima tipo 97 Kate, en patrullas de tres aparatos, realizó el lan-

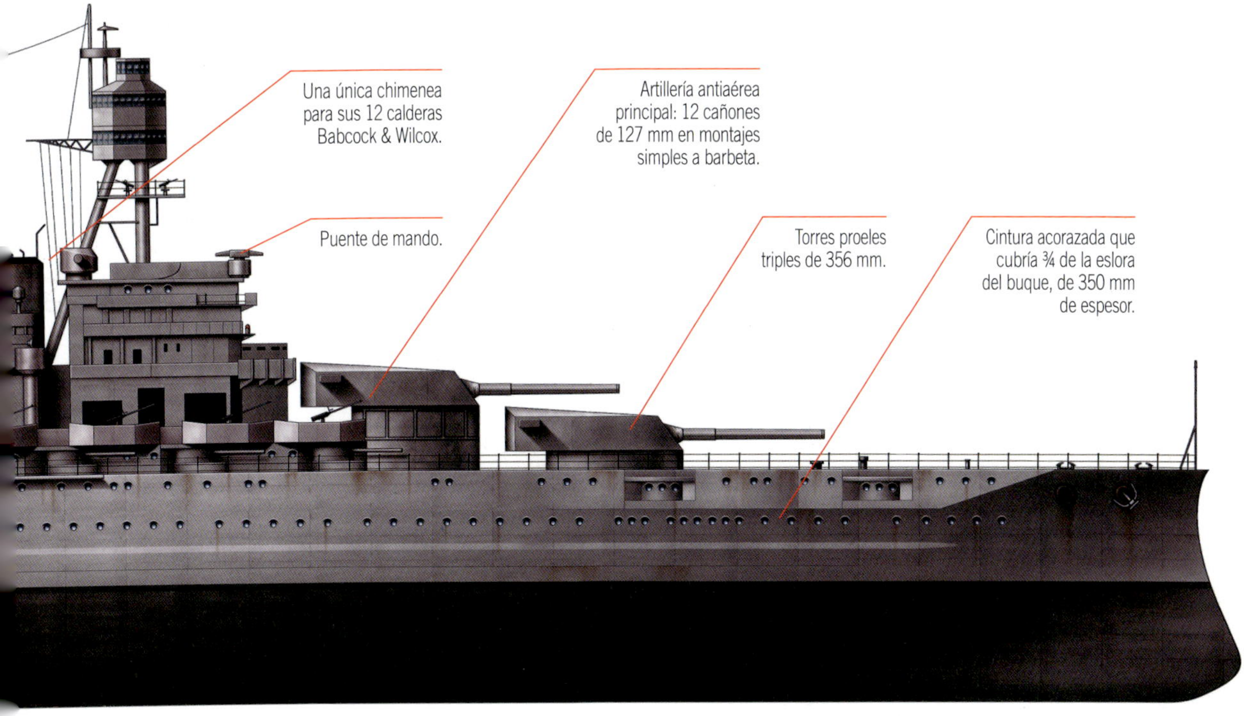

zamiento de sus torpedos sobre los acorazados USS *Oklahoma* y USS *West Virginia*; otros aviones torpedearon al USS *Nevada* y al USS *California*. Finalmente los tripulantes de los buques de guerra norteamericanos, tras algunos minutos de sorpresa y confusión, y a pesar de que varios navíos habían resultado gravemente alcanzados, consiguieron activar las defensas antiaéreas. Su fuego fue bastante certero, ya que lograron abatir a cinco de los aviones atacantes.

Los 49 aviones Nakajima B5N2 Kate dirigidos por Fuchida, armados con una potente y demoledora carga de bombas de 800 kg, habían bordeado la costa oeste de la isla de Oahu y, tras permanecer algunos minutos a la espera sobre el cabo de Barbers Point, entraron al objetivo por el sur, formándose nueve grupos de cinco aviones Nakajima tipo 97 Kate y un décimo grupo de sólo cuatro aparatos. Estas escuadrillas, en fila de patrullas, realizaron una pasada de bombardeo, aunque fueron recibidas por densas nubes de las explosiones de los proyectiles antiaéreos norteamericanos. El propio avión de Fuchida recibió algunos impactos de metralla que le impidieron proseguir su vuelo. El capitán de fragata Fuchida había cedido su puesto en la cabeza de la formación a otro aparato de su escuadrilla, que llevaba a bordo un oficial bombardero muy eficaz y entrenado. Cuando este aparato lanzase las bombas los demás habrían de hacerlo también. La larga fila de acorazados norteamericanos constituía un blanco perfecto para las escuadrillas de bombardeo japonesas.

Las bombas de los Nakajima B5N2 Kate fueron lanzadas con toda precisión sobre los acorazados USS *Nevada*, *Maryland*, *Tennessee* y *West Virginia*. Cuatro bombas alcanzaron gravemente al USS *Arizona*, produciéndose terribles explosiones a con-

| HUSBAND EDWARD KIMMEL |
| 1882-1968 |

EL CHIVO EXPIATORIO DEL DESASTRE DE PEARL HARBOR

EL ALMIRANTE HUSBAND E. KIMMEL, jefe de la flota norteamericana del Pacífico, fue uno de los chivos expiatorios del desastre de Pearl Harbor.

El que fuera comandante en jefe de la flota de la costa del Pacífico durante el ataque a Pearl Harbor vería truncada su carrera tras el "día de la infamia", pese a haber denunciado en varias ocasiones la falta de seguridad de la zona. Tenía tras de sí una brillante hoja de servicio, siendo oficial de la armada desde 1904. A lo largo de su carrera estuvo embarcado en varios acorazados y mandó dos divisiones y una escuadrilla de destructores. También fue comandante del buque USS *New York* (BB-34) y desempeñó importantes cargos en el departamento de la marina de Estados Unidos. Realizó el curso de estado mayor en la escuela superior de guerra naval.

En 1937 fue ascendido a vicealmirante y obtuvo el mando de la 7ª División de cruceros con la que realizó un viaje de buena voluntad y propaganda por diversos países sudamericanos. Fue promovido después al empleo de contraalmirante y nombrado jefe de la división de cruceros y comandante de los cruceros de la flota del Pacífico.

En 1939 fue nombrado jefe de la fuerza de cruceros de combate. En 1940 el presidente Roosevelt ordenó el traslado a Hawai de la flota de la costa del Pacífico, para establecer su base principal en la bahía de Pearl Harbor, a lo que se opuso, por dos veces, el almirante Richardson, quien fue destituido por el presidente.

En febrero de 1941, Kimmel era el contraalmirante más antiguo de la marina de guerra de Estados Unidos y fue nombrado por Roosevelt comandante en jefe de la flota de los Estados Unidos y específicamente jefe de la flota del Pacífico, reemplazando a Richardson. Fue elegido entre los 46 almirantes en activo y con la recomendación del almirante Stark, jefe de operaciones navales en el estado mayor conjunto. Pasados unos meses, Kimmel comunicó a Roosevelt sus reservas sobre la seguridad de la flota en Pearl Harbor, en términos muy parecidos a los de Richardson. Sin embargo, el presidente Roosevelt, una vez mas, ignoró por completo los informes y las advertencias del almirante Kimmel. Además se agravó la situación, ya que por orden precisa del almirante Stark, dictada el 28 de noviembre de 1941, la flota del Pacífico "no debía iniciar ningún tipo de acciones ofensivas hasta que los japoneses no tomaran la iniciativa".

Pese a tantas advertencias acerca de la debilidad de las defensas de Pearl Harbor y bajo las explícitas órdenes recibidas, después del ataque japonés Kimmel terminó siendo el chivo expiatorio del desastre, junto con el general Short, y ambos fueron acusados de falta de preparación y previsión antes del 7 de diciembre de 1941. Kimmel fue relevado del mando diez días más tarde y rebajado a su empleo efectivo de contraalmirante. De cualquier forma, las carreras de los dos oficiales se vieron definitivamente truncadas. Ambos fueron declarados culpables de negligencia en el cumplimiento de su deber, destituidos y dados de baja en el servicio.

El contraalmirante Kimmel falleció el 14 de mayo de 1968, en Groton (Connecticut), aunque antes escribió sus memorias, en las que acusó directamente a Roosevelt de ser el responsable de la indefensión de Pearl Harbor. [R.P.]

secuencia del estallido de la santabárbara del propio acorazado, que produjo la muerte de la mayoría de los 1.731 hombres que componían su dotación. Fue una verdadera catástrofe y una carnicería humana. Asimismo otros buques menores resultaron hundidos o gravemente averiados, bien a causa de los torpedos o bien a causa de las bombas japonesas.

El capitán de fragata Mitsuo Fuchida podía sentirse muy satisfecho de los resultados obtenidos en su demoledor ataque. En breves mensajes de radio iba informando cumplidamente al almirante Nagumo: "A las 08:05 lanzados torpedos con éxito... a las 08:16 un gran crucero tocado... a las 08:22 un acorazado tocado...". Y así sucesivamente. El estado mayor de Nagumo, a bordo del portaaviones *Akagi*, estaba exultante ante las buenas noticias que se recibían desde la isla de Oahu.

UNAS GIGANTESCAS COLUMNAS DE HUMO NEGRO surgieron de los buques de guerra estadounidenses USS 'West Virginia' y USS 'Tennessee' tras el ataque japonés.

CAPÍTULO 03

LOS AERÓDROMOS, PRIMEROS OBJETIVOS DEL ATAQUE

Los bombarderos en picado Aichi D3A1 Val sembraron inicialmente la devastación en los aeródromos estadounidenses de Hawai. Cargaron luego contra los buques de la US 'Navy', hasta convertir la base de Pearl Harbor en un dantesco escenario de fuego.

Eran las 07:50 h cuando la formación de aparatos Aichi D3A1 Val, mandada por el teniente de navío Akira Sakamoto, que había despegado del portaaviones *Zuikaku*, se lanzó en picado sobre el aeródromo de Wheeler Field, base de la 14ª *Pursuit Wing* (Ala de caza), equipada con un conjunto de unos 120 aviones de dicha especialidad, incluyendo los anticuados Boeing P-26 de tren de aterrizaje fijo y los más modernos Curtiss P-36 Hawk y Curtiss P-40 B. El aeródromo de Wheeler Field del USAAC (*United States Army Air Corps*, cuerpo aéreo del ejército de los Estados Unidos) se hallaba situado en el centro de la isla de Oahu. Los aviones japoneses entraron sobre el objetivo procedentes del norte, lanzando sus bombas de 250 kg sobre las abigarradas filas de cazas norteamericanos, que se alineaban al borde de las pistas de despegue y aterrizaje de la base.

LOS EDIFICIOS Y HANGARES DE LA BASE AÉREA DE HICKAM FIELD, al sureste de Pearl Harbor, arden bajo la desgarrada bandera de las barras y estrellas que ondea en su mástil.

Fusil al hombro el soldado Arthur Fusco, del cuerpo de aviación, custodiaba las hileras de modernos cazas Curtiss P-40 B, según las órdenes recibidas de sus jefes. Fusco se quedó materialmente petrificado cuando las bombas de los primeros Aichi D3A1 comenzaron a caer sobre los novísimos monoplanos Curtiss. Cuando Fusco se recobró de la sorpresa inicial y distinguió los círculos rojos en las alas de los aviones que picaban en dirección a las pistas supo que no se trataba de un error. Eran aviones japoneses. Entonces corrió en dirección a los hangares, en busca de una ametralladora para repeler el ataque aéreo, pero al llegar a la armería no consiguió romper la cerradura.

La verdad es que poco importaba ya, pues buena parte de los aviones de caza que custodiaba estaban totalmente destruidos. Los pocos que quedaban indemnes fueron seguidamente barridos por los cañones de 20 mm de los 14 cazas Mitsubishi A6M2b Zero procedentes de los portaaviones *Soryu* e *Hiryu*. El general de brigada Howard G. Davidson y el coronel William

UNO DE LOS CUATRIMOTORES BOEING B-17 recién llegados de los Estados Unidos a Oahu, durante el día 7 de diciembre, resultó destruido al partirse por la mitad.

Flood, jefes respectivos del Ala de caza nº 14 y del aeródromo de Wheeler Field, se habían quedado prácticamente sin aviones en menos de diez minutos.

El segundo objetivo de los bombarderos en picado Aichi D3A1 Val, que en esta ocasión procedían del portaaviones *Shokaku*, fue el aeródromo del USAAC de Hickam Field, que albergaba a la 18ª *Bomber Wing* (Ala de bombardeo), equipada con una mezcla de modernos aviones cuatrimotores Boeing B-17C y D Fortress y los ya obsoletos bimotores Douglas B-18A Bolo, así como aviones de asalto Douglas A-20A Boston, también bimotores de nuevo modelo. Esta unidad estaba al mando del coronel William Farthing, que también había ordenado colocar los aviones perfectamente alineados frente a los hangares, al borde de las pistas de despegue y aterrizaje. En realidad no todos los aviones de la 18ª Ala de bombardeo estaban en condiciones de vuelo. Solamente seis de los 12 cuatrimotores Boeing B-17 podían volar, así como 17 de los 33 Douglas B-18 Bolo. De los 12 Douglas A-20, sólo seis estaban en condiciones de prestar servicio. El resto se encontraba en reparación en el parque aéreo de Hawai. Esto a los pilotos japoneses no les importaba en absoluto. Todos los aviones norteamericanos, estuviesen en vuelo o no, constituían su objetivo.

A las 07:55 h dos formaciones de ocho y nueve aviones Aichi tipo 99 Val atacaron desde dos direcciones distintas. Cuando comenzó el ataque nipón, la base aérea de Hickam Field se encontraba bastante concurrida y con su personal en plena actividad, puesto que se esperaba la llegada de una docena de cuatrimotores Boeing B-17C procedentes de California. A las 08:00 h ya había llegado el jefe del aeródromo de Hickam Field, el coronel William Farthing, que fue testigo presencial de la destrucción en tierra de buena parte de los aviones de la unidad que mandaba. Las bombas de 250 kg comenzaron a caer en medio de los aparatos alineados en la zona de aparcamiento, so-

bre los talleres del parque aéreo, sobre los cuarteles de la tropa. Un rosario de explosiones devastó el aeródromo militar estadounidense. Una de las bombas alcanzó de lleno a un grupo de 22 hombres del personal del escalón de tierra, que se disponía en esos momentos a poner en marcha varios bimotores Douglas B-18A Bolo y que durante aquella mañana debían realizar un vuelo de entrenamiento operativo.

Cuando los bombarderos en picado Aichi D3A1 Val se retiraron, fueron nueve cazas Mitsubishi A6M2b Zero, que procedían del portaaviones *Akagi* y estaban bajo el mando del capitán de corbeta Shigeru Itaya, los que dieron una pasada en vuelo rasante sobre las pistas de aterrizaje, ametrallándolas con sus cañones de 20 mm. Unos minutos más tarde sustituyó a esta formación otra de cazas que eran del mismo tipo, que en esta ocasión pertenecían a la dotación del portaaviones *Kaga*, los cuales se dedicaron a rematar la devastadora faena que habían iniciado sus antecesores.

En la base aérea de Hickam Field quedaron destruidos en el suelo 30 aviones de bombardeo estadounidenses, pero los japoneses sufrieron una baja, ya que el fuego antiaéreo de los defensores del aeródromo consiguió abatir al caza Mitsubishi A6M2 Zero de matrícula AI-154, que estaba pilotado por el contramaestre Takashi Hirano, y que cayó al suelo al sur de la isla de Oahu.

El tercer aeródromo militar del US *Army Air Corps* de Hawai era el de Bellows Field, situado al noreste de Honolulú. Esta base aérea se encontraba bajo el mando del teniente coronel Leonard D. Weddington y albergaba, con carácter permanente, al 86° *Observation Squadron* (Escuadrón de observación), equipado con aviones North American O-47 y Stinson O-49. Con objeto de descongestionar la atestada base aérea de Wheeler Field, el 18° *Pursuit Group* (Grupo de caza) había destacado allí, provisionalmente, a 12 de los 16 cazas Curtiss P-40 B del 44° *Pursuit Squadron*. A estos aviones de caza se les había desmontado su armamento, ya que sus ametralladoras estaban siendo revisadas por los armeros de la base aérea de Bellows Field.

A las 08:30 h un único caza Mitsubishi A6M2b Zero, matriculado EI-101 y pilotado por el teniente de navío Kaneko, realizó una sola pasada rasante sobre el campo de aviación citado, ametrallando las instalaciones de la tropa de guarnición. Su fuego alcanzó e hirió a un sargento del escalón de tierra. Éste fue el único ataque aéreo que sufrió el aeródromo de Bellows Field en el transcurso del vuelo de los aviones japoneses de la primera oleada de ataque, y los aparatos norteamericanos allí situados no sufrieron daño alguno. Sin embargo, esta acción aérea de un solo avión enemigo alertó al personal de mantenimiento norteamericano, que febril-

| AVIÓN |

MITSUBISHI A6M REISEN ZERO

Aunque la potencia de fuego de este caza japonés era muy grande, su deficiente protección provocó un número elevado de bajas entre sus magníficos pilotos.
Dotación: 1. **Motor:** Nakajima NKIC Sakae de 950 CV.
V. máx.: 540 km/h. **Techo de servicio:** 10.000 m. **Armamento:** 2 cañones de 20 mm y 2 ametralladoras de 7,7 mm.

mente comenzó a montar las ametralladoras en los desarmados cazas Curtiss P-40 B del 44º Escuadrón con objeto de poder repeler futuras agresiones aéreas.

Prosigue el ataque sobre Ford Island

Los cazas Mitsubishi A6M2b Zero y los bombarderos en picado Aichi D3A1 Val habían devastado la estación aeronaval de Kaneohe, inutilizando la mayoría de los 36 hidroaviones bimotores de canoa Consolidated PBY-5 Catalina de la *Pat Wing* 1.

La otra unidad de patrulla aérea de la marina de guerra estadounidense con base en las islas Hawai era la *Pat Wing* 2, que se acantonaba en la estación aeronaval de Ford Island, situada en la bahía de Pearl Harbor. El Ala de patrulla 2 estaba constituida por cuatro *Squadrons*, los numerados VP-21, VP-22, VP-23 y VP-24; dos de estas unidades, concretamente la VP-21 y la VP-24, se encontraban en período de formación y prácticamente tenían muy pocos hidroaviones PBY en su dotación. Los otros dos *Squadrons*, el VP-22 y el VP-23, disponían de un conjunto de 26 hidros Consolidated de los modelos PBY-3 y PBY-5.

Pocos minutos antes de las 08:00 h, el *commander* Logan Ramsey, jefe de operaciones de la *Pat Wing* 2, vio el primero de los nueve aviones de bombardeo en picado Aichi D3A1 Val que se lanzó sobre la base aeronaval de Ford Island y cuya bomba cayó sobre la rampa de descenso de los hidros al agua. Logan Ramsey creyó, inicialmente, que algún aviador norteamericano se había vuelto loco de remate y, junto con el oficial de guardia de la estación, intentó distinguir el número de matrícula del avión. Pero pronto se percató de la realidad y le dijo a su subordinado: "No se preocupe por el número. Es un japonés".

Los aviones atacantes pertenecían a la dotación del portaaviones *Shokaku* y estaban bajo el mando del capitán de corbeta Takahashi. Otros dos aparatos Aichi, más afortunados que el anterior, lanzaron sus bombas

AMETRALLADORA NORTEAMERICANA de 30 pulgadas de calibre, equipada con trípode y con su equipo de municionamiento.

y alcanzaron al hangar número 6. El propio avión del comandante del grupo de bombarderos en picado dejó caer su bomba de 20 kg justo en medio de un grupo de hidroaviones Consolidated PBY del *Squadron* VP-22. En el citado hangar cayeron un total de cinco bombas, y se produjeron numerosas explosiones e incendios en los edificios de la estación aeronaval de Ford Island. Una vez realizado su certero ataque en picado, los nueve Aichi D3A1 efectuaron un segundo ataque de ametrallamiento y fueron seguidos por una formación de cazas Mitsubishi A6M2b Zero procedentes del portaaviones *Kaga* que, ametrallando en vuelo rasante, completaron su labor destructora. Ford Island quedó envuelta en llamas.

En el aeródromo de Ewa Field, situado al norte de Barbers Point, se acantonaba el Grupo aéreo nº 21 del cuerpo de marines mandado por el teniente coronel Claude Larkin. Esta unidad aérea contaba con los aviones de combate más modernos existentes en las islas Hawai. Se trataba de los aviones de caza Grumman F4F-3 Wildcat y aviones de bombardeo Douglas SBD-2 Dauntless, además de otro grupo de aparatos diversos, entre ellos los Vougth SB2U-3 Vindicator, más antiguos que los citados.

El oficial de servicio en el aeródromo, el capitán Leonard Ashwell, observó el paso de dos hileras de aviones torpederos Nakajima B5N3 Kate volando en dirección a Pearl Harbor. El oficial piloto de los marines identificó inmediatamente y de manera correcta a los aviones japoneses. El capitán Ashwell echó a correr para dar la alarma, pero, casi simultáneamente, cuatro aviones de bombardeo en picado Aichi D3A1 Val y 17 cazas Mitsubishi A6M2b Zero comenzaron su demoledor ataque sobre las apretadas filas de aviones norteamericanos aparcados al borde de las pistas del aeródromo de Ewa Field. Otros aparatos japoneses se concentraron sobre los hangares y la propia pista de aterrizaje. Uno de los cazas Mitsubishi Zero tomó como objetivo el destartalado coche Plymouth, modelo 1930, con el que el teniente coronel Larkin

HUNDIMIENTO DE UN SUBMARINO JAPONÉS UNA HORA ANTES DEL ATAQUE

Horas antes de la ofensiva de la aviación japonesa, el destructor USS 'Ward' avistó y atacó a un submarino enano japonés en las cercanías de Pearl Harbor, pero su acción no fue tomada en consideración y no se dio la alarma en la base.

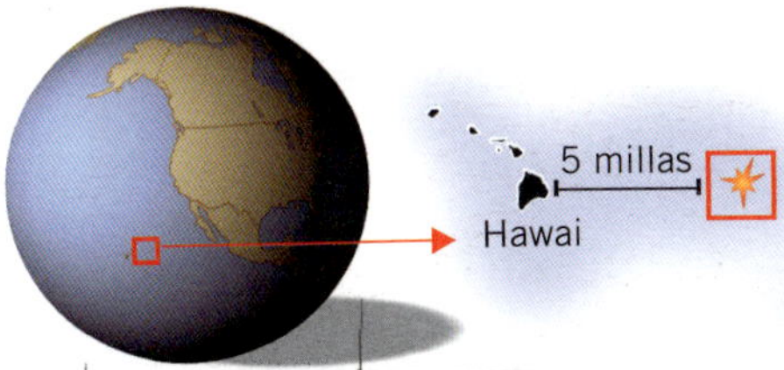

USS 'WARD'

Desplazamiento: **1.247 t**

Dotación: **231 hombres**

Armamento: **4 cañones de 102 mm, 2 cañones de 76 mm, 12 tubos lanzatorpedos de 533 mm y 2 varaderos para cargas de profundidad**

Velocidad: **35 nudos**

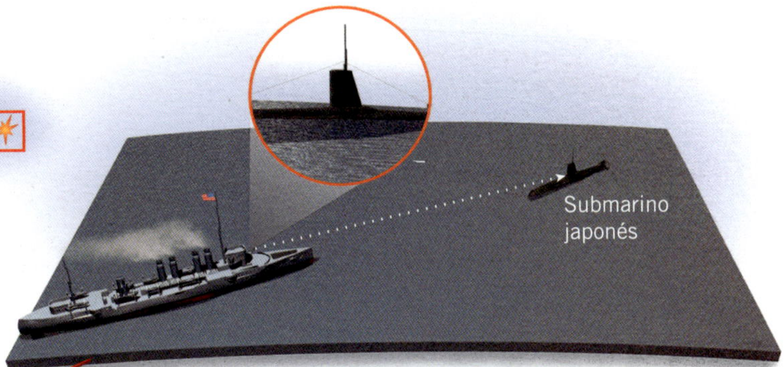

06:37 h: el *Ward* detecta la torre del submarino siguiendo al USS *Antares*, a cinco millas de Pearl Harbor.

06:45 h: el *Ward* abre fuego desde unos 550 m. Obtiene al menos un impacto directo en la torre. Poco después le lanza cuatro cargas de profundidad.

SUBMARINO ENANO JAPONÉS TIPO A

Número de unidades construidas: **60**

Desplazamiento: **46 t**

Dotación: **2 hombres**

Armamento: **2 torpedos de 450 mm**

Velocidad: **20 nudos en superficie/19 nudos sumergido**

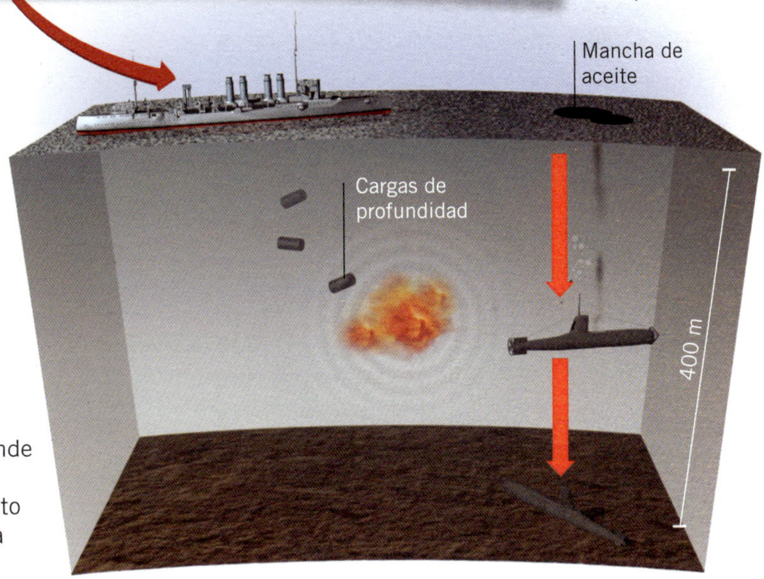

06:50 h: el submarino se hunde en un fondo de 400 m. El *Ward* informa del hundimiento al observar una gran mancha de aceite en la zona.

LOS ATAQUES DE LOS AVIONES DE BOMBARDEO japoneses fueron devastadores. Se pueden ver los restos de un hangar alcanzado en el aeródromo de Hickam Field y en primer plano la cola de un bimotor Douglas B-18 Bolo.

llegaba al aeródromo. Larkin no detuvo el vehículo, sino que abrió la puerta y se lanzó en marcha hacia la cuneta, donde se refugió. El caza nipón, aunque ametralló la carretera, no consiguió alcanzar al viejo vehículo y el teniente coronel de los marines consiguió llegar con el coche hasta el aeródromo.

A las 08:05 h, Claude Larkin llegó a Ewa Field. Allí el capitán Ashwell le dio la novedad. El informe no podía ser más desolador: de los 49 aviones existentes en el campo 33 eran pasto de las llamas. Los aviadores japoneses no se equivocaron mucho en sus apreciaciones, ya que al regresar a sus portaaviones, dieron parte de haber destruido 36 aviones norteamericanos en Ewa Field.

El teniente de navío Yoshio Shiga, jefe de la 2ª Escuadrilla de cazas Mitsubishi A6M2b Zero, con base en el portaaviones *Kaga*, fue uno de los pilotos que participó en el ataque sobre el aeródromo de Ewa Field; cuando realizaba un ataque rasante, disparando sus cañones de 20 mm, pudo distinguir a un soldado de la infantería de marina estadounidense que, situado ante los restos humeantes de un avión destruido, permanecía en pie disparando una pistola reglamentaria contra el propio aparato pilotado por Shiga. El marine se quedó sin moverse ni un milímetro de su puesto, a pesar del potente fuego de los cañones del caza Zero. Más tarde, el teniente de navío Shiga declaró que éste fue el soldado norteamericano más valiente que vio a lo largo de toda la guerra del Pacífico.

I
18W

'TO', LA RED DE ESPIONAJE HISPANO-JAPONESA

En 1942, el ministro español de Asuntos Exteriores, Ramón Serrano Súñer, creó un grupo de espionaje desplegado en Estados Unidos y Canadá a sueldo de Japón. En activo hasta 1944, su dirección fue encomendada al falangista Ángel Alcázar de Velasco.

Tras el ataque japonés a Pearl Harbor, Ramón Serrano Súñer trató de ganarse el favor de Japón ofreciéndose por propia iniciativa al embajador de este país en España, Yakichiro Suma, a suministrarle en secreto copia de los despachos de los embajadores españoles en Washington, Londres, Río de Janeiro y Buenos Aires. Serrano buscaba en el nuevo socio del Eje un aliado para fortalecer su propia y deteriorada posición política. Esa información pasada a los japoneses era enviada a Tokio por Suma etiquetada como "Inteligencia Súñer". Desdichadamente para Serrano los códigos japoneses hacía tiempo que habían sido descifrados por los norteamericanos y el ministro español quedó retratado a ojos de Washington como un colaborador de los enemigos de los Estados Unidos.

El paso siguiente del embajador Suma fue solicitar ayuda a Serrano Súñer para la creación de una red de espionaje en América que proporcionara información a Japón usando a agentes españoles. Japón pondría el dinero y España los hombres. El ministro español accedió al momento, ofreciendo dar facilidades para las comunicaciones y en su caso pasaportes de cobertura. Para la tarea de formar y dirigir desde Madrid esta red de espionaje pro-japonés en América, Serrano escogió a un hombre de su confianza, ya experimentado en este campo: Ángel Alcázar de Velasco, falangista, aventurero sin escrúpulos, meses atrás expulsado de Gran Bretaña por ejercer el espionaje a sueldo del *Abwehr* alemán. Velasco se ganó enseguida la confianza de los japoneses asegurando que todavía conservaba una red de 21 agentes en Gran Bretaña y que podía hacer otro tanto en América.

Así nació en enero de 1942 la red *To*, ideograma que significa "Oriente" y que daría más de un quebradero de cabeza al contraespionaje militar estadounidense, centrado en la sección G-2. Ésta, que monitorizaba las comunicaciones japonesas, pronto empezó a descifrar inquietantes mensajes que contenían información proveniente de una misteriosa red *To*. El FBI bautizó estos mensajes como "*Span-Nip*" aludiendo al componente hispano-japonés del grupo.

Alcázar de Velasco comenzó su despliegue en los Estados Unidos reclutando a dos falangistas: José de Perignat, en Nueva York, y José Martínez, en San Francisco. No está claro quién en la Embajada española en Washington les dio facilidades para sus comunicaciones. Pudo ser el propio embajador Cárdenas o alguno de los consejeros o agregados militares. Los planes para enviar cuatro nuevos agentes a los Estados Unidos se vieron frustrados cuando la prensa yanqui comenzó una campaña señalando la embajada japonesa en Madrid como un centro de captación de agentes con destino a América. Velasco optó entonces por la vía aparentemente más sencilla de reclutar periodistas capaces de simultanear periodismo con espionaje. Enviaban sus informes camuflados con tinta invisible en cartas aparentemente anodinas o en reportajes para sus periódicos.

Otro problema fue el elevado coste de la red. La organización de espionaje de Velasco costó a los japoneses la nada despreciable cifra de medio millón de dólares, seis millones de pesetas de la época. Los norteamericanos descifraron 21 mensajes de *To* enviados de Madrid a Tokio en agosto de 1942, nueve en septiembre y ocho en octubre, siguiendo durante dos años con la monitorización. La calidad de la información era diversa pero en su mayoría era lo que los americanos denominaban *bread and butter stuff*, es decir, material corriente extraído de periódicos y publicaciones aliadas, salpimentado con alguna perla genuinamente de valor. Esto permite pensar que Alcázar de Velasco (como ya hiciera con los alemanes meses atrás) estaba inventando o fabricando parte del material informativo que entregaba a los japoneses. Seguramente su red no era ni tan extensa ni estaba tan bien situada como pretendía hacer creer, pero Tokio apenas tenía entonces vías de información y dio por bueno lo recibido. Nuevos intentos de reclutar agentes con destino diplomático o consular, como Fernando de Kobbe, cónsul de España en Vancouver, fracasaron. El uso de periodistas, como Penella de Silva, del diario *Madrid*, Jacinto Miquelarena de *ABC* o Francisco Lucientes, corresponsal de *Ya* (todos ellos en plantilla como agentes, según Alcázar de Velasco), no dio los resultados apetecidos. En algún caso demostraron ser un arma de doble filo. El periodista Guillermo Aladrén enseguida se ofreció a los norteamericanos como agente doble, y hábilmente manejado por oficiales del G-2, fue empleado durante meses para intoxicar a Tokio con información falsa pero creíble.

Nunca sabremos cuál fue la extensión real de *To*. Alcázar de Velasco, siempre fantasioso, habló en la posguerra de 30 personas a su cargo, pero es muy posible que fueran muchas menos y que la habilidad de este aventurero falangista sobredimensionara la realidad para obtener así mayores beneficios económicos. En cualquier caso la actividad de *To* terminó abruptamente en mayo de 1944. Nunca se ha llegado a saber con certeza si se trataba de una red real o de un colosal engaño que ingenuamente pagaron los japoneses. [M.R.]

"INTELIGENCIA SÚÑER" era el distintivo que recibía toda la información secreta enviada por Ramón Serrano Súñer, ministro español de Asuntos Exteriores, a los japoneses. En la imagen, Súñer durante una concentración de falangistas celebrada en Valencia en 1937.

CAPÍTULO 04

MISIÓN CUMPLIDA. PEARL HARBOR ES UN MAR DE FUEGO

Dos escuadrones Boeing B-17C de la USAAF que sobrevolaban casualmente Hawai se toparon con el fuego de los cazas Zero, viéndose obligados a realizar aterrizajes de emergencia en los aeródromos bombardeados. La fatalidad parecía perseguir a los estadounidenses.

Dos unidades aéreas, el 38º *Squadron*, con base en Albuquerque (Nuevo México), y el 88º *Squadron*, procedente de Fort Douglas, se dirigían hacia el archipiélago de las Filipinas, haciendo escala en las islas Hawai y desde California. La formación, compuesta por 12 aviones, al mando del *major* (comandante) Truman Landon, realizaba un largo vuelo de 14 horas de duración. Al objeto de economizar combustible y hacer el viaje más llevadero, los aviones volaban aisladamente en lugar de hacerlo por patrullas, como era habitual. Aun así, algún que otro Boeing B-17C tuvo dificultades para llegar hasta la isla de Oahu, ya que casi agotaron el carburante antes de aterrizar en el aeródromo de Hickam Field.

El cuatrimotor pilotado por el teniente Karl Barthelmes fue uno de ellos. Cuando su indicador de combustible se acercaba peligrosamente a cero, alrededor de las 08:00 h, viró hacia el sur y pudo distinguir, por suerte para él y su tripulación, la silueta de la isla de Oahu. En ese mismo momento el Boeing B-17C de Barthelmes se vio rodeado por un grupo de aviones cuyos planos y fuselajes lucían círculos rojos. Los aviadores norteamericanos pensaron que se trataban de aparatos de caza Curtiss P-36 propios, que estaban realizando maniobras aéreas y estaban así marcados para la ocasión. Los tripulantes del Boeing B-17C saludaron a aquellos aviones, pero sus pilotos parecían demasiado ocupados para corresponder al amistoso gesto. Sin embargo, los japoneses no atacaron al cuatrimotor, ya que sus objetivos eran otros.

SOLDADOS NORTEAMERICANOS observan la desolación sembrada por los aviones japoneses en Hickam Field, procurando apagar el fuego y salvar lo que se pueda.

Al propio jefe de la formación, Landon, le ocurrió algo parecido. Cuando realizaba el vuelo de aproximación a la isla procedente del norte, un grupo de nueve aviones de caza Mitsubishi A6M2b Zero se acercó a su Boeing B-17C y abrió fuego contra el aparato norteamericano. Landon, en cuanto distinguió los círculos rojos de aquellos cazas, comprendió: ¡Eran aviones japoneses! ¡Eran aviones enemigos! El comandante Landon viró rápidamente en dirección a una cercana masa nubosa y pudo así eludir la persecución y el ataque de los cazas Zero.

Otros aviones Boeing B-17, aunque no llegaron a ser atacados por la caza enemiga, se vieron sorprendidos por la gran cantidad de humo que surgía de Pearl Harbor y del aeródromo de Hickam Field. Charles Bergdoll, piloto de un cuatrimotor Fortress, pensó que se trataba de un ejercicio aéreo muy realista, realizado con bombas de fogueo y botes de humo. Pero cuando su avión posó las ruedas en la pista de aterrizaje pudo distinguir los restos humeantes de uno de los modernísimos cuatrimotores Consolidated B-24A Liberator. Entonces cayó en la cuenta de la realidad. Un avión tan caro como un Liberator no podía destruirse durante unas maniobras para simular un ataque. Aquello no era un ejercicio; se trataba de algo real. Alguien estaba bombardeando de verdad el aeródromo militar de Hickam Field.

El primer Boeing B-17 que logró tomar tierra en Hickam Field fue el pilotado por el teniente Bruce Allen, que lo hizo con toda normalidad. Tras él enfiló la pista de aterrizaje el cuatrimotor del capitán Raymond Swenson, pero, durante su vuelo de aproximación, el Fortress recibió varios impactos de un caza Mitsubishi A6M2b Zero. Los proyectiles japoneses alcanzaron unas bengalas de magnesio en el interior del aparato que, al activarse, incendiaron el avión. Éste tomó tierra pesadamente, partiéndose por la mitad. La parte

EMBLEMA DE LOS OFICIALES del 'United States Marine Corps', el cuerpo de marines de los Estados Unidos.

delantera del Boeing B-17C se deslizó por la pista de cemento, lanzando un chorro de chispas incandescentes, hasta quedar totalmente inmóvil. El copiloto, el teniente Ernest Reid, siguiendo el procedimiento normal, puso los frenos de aparcamiento como si el avión no se hubiese dividido en dos partes. No obstante, todos los tripulantes saltaron del maltrecho avión corriendo en todas direcciones. Los cazas Mitsubishi A6M2b Zero, en vuelo rasante, ametrallaban todo posible objetivo en el aeródromo de Hickam Field, ya fuese material o humano. El mayor William Schick, médico del cuerpo de aviación, que había efectuado el viaje en el último avión mencionado, fue ametrallado por uno de los cazas japoneses mientras corría por la pista de aterrizaje en busca de refugio.

El tercer cuatrimotor Boeing B-17C que aterrizó en Hickam Field fue el del mayor Landon, el cual, cuando se disponía a enfilar la pista de aterrizaje, recibió el siguiente mensaje radiotelefónico desde la torre de control de la base: "Aterrice en dirección oeste-este. Tiene tres cazas japoneses en su cola".

Truman Landon, a pesar del poco tranquilizador mensaje, consiguió tomar tierra sin contratiempos a las 08:20 h. Poco a poco fueron tomando tierra los otros aviones Boeing B-17 Fortress en Hickam Field bajo el fuego de los aparatos japoneses. El teniente de navío Yoshio Shiga, piloto de uno de los cazas Mitsubishi A6M2b Zero, se quedó impresionado al observar cómo los grandes cuatrimotores norteamericanos lograban tomar tierra, aun bajo el feroz acoso de los aviones de caza japoneses. Shiga consideró que en adelante los Fortress serían unos aviones muy difíciles de derribar.

A la vista de la confusión y el desorden reinantes en Hickam Field, varios Boeing B-17C optaron por ir a tomar tierra en otros aeródromos de la isla de Oahu. Los dos Fortress pilotados por el mayor Richard H. Carmichel y el capitán Harold Chaffin lo intentaron sucesivamente en Wheeler Field y en Ewa Field, pero allí se encontraron con problemas similares. Se decidieron entonces por aterrizar en el pequeño aeródromo auxiliar de Haleiwa, que contaba con una pista de sólo 360 m de longitud, pero no quedaba más remedio que intentarlo. En ambos aparatos se estaba acabando el combustible por momentos, y los dos consiguieron tomar tierra sin contratiempos en el diminuto y eventual

UNA ESCUADRILLA DE CUATRIMOTORES de bombardeo estadounidenses Boeing B-17 Flying Fortress ("fortalezas volantes"). Dos de estas unidades tuvieron la mala suerte de llegar a las islas Hawai durante el ataque japonés.

campo de socorro. Tras conseguir aparcar los aviones bajo un arbolado sufrieron el primer ataque de los cazas Mitsubishi A6M2b Zero japoneses. El primero de ellos dio una pasada de reconocimiento, pero debió de quedarse sin munición y no ametralló. Inmediatamente, otro caza Zero le siguió y ametralló concienzudamente el aeródromo auxiliar.

Otro Boeing B-17C, el pilotado por el teniente Robert Richards, se dirigió a tomar tierra en el aeródromo de Bellows Field, base del 86º *Observation Squadron*. Este cuatrimotor ya había sido atacado en el aire por los cazas Mitsubishi japoneses, lo que ocasionó heridas a tres miembros de la tripulación y produjo algunas averías en el avión. El teniente Richards, a la vista de estos problemas, aterrizó en la pista corta, de 780 m de longitud, y a favor del viento, pues no le quedaba otro remedio. Casi al mismo tiempo que las ruedas del Fortress tocaban la pista de aterrizaje del aeródromo Bellows Field ésta fue barrida por los disparos de nueve aviones japoneses, en un fulminante ataque a baja altitud.

LA PISTA DE BELLOWS FIELD FUE BARRIDA POR LOS DISPAROS DE NUEVE AVIONES JAPONESES, EN UN FULMINANTE ATAQUE A BAJA ALTITUD

Un nuevo Boeing B-17C, en esta ocasión el del teniente piloto Frank Bronston, hubo de efectuar un aterrizaje de emergencia en el campo del club de golf de Kahuku, y otro cuatrimotor Fortress finalmente lo hizo en Wheeler Field. El coronel William Flood, jefe del aeródromo de los cazas estadounidenses, a pesar de lo dramático de la situación, tuvo la ocurrencia de gastarle una broma al piloto del Boeing B-17C recién llegado. Flood le dijo, muy serio: "Debe Usted despegar inmediatamente para localizar a la flota japonesa". El joven piloto, que había realizado un largo vuelo sobre el océano Pacifico y se encontraba en medio de aquel desbarajuste, se quedó totalmente anonadado ante lo que parecía una orden y respondió: "Pero, señor... si acabamos de llegar de California". Flood continuó con la broma y le indicó, con tono grave: "Ya lo sé. Pero estamos en guerra". El joven oficial que había pilotado aquel Boeing B-17C, resignado y con aspecto muy cansado y abatido, musitó con un hilo de voz: "Bien, coronel, pero si al menos pudiésemos tomar una taza de café, saldríamos". El coronel Flood consideró que la broma ya había ido demasiado lejos y le dijo al piloto que él y su tripulación marchasen a descansar y que ya serían utilizados sus servicios en posteriores ocasiones.

El portaaviones USS *Enterprise* se encontraba de regreso de su singladura a la isla de Wake. El buque debería haber entrado en la base naval de Pearl Harbor a las 07:30 h, pero su escolta, constituida por nueve destructores que tuvieron que reabastecerse de combustible en medio de una fuerte marejada, retrasó su viaje de regreso.

A las 06:15 h, el portaaviones todavía se encontraba navegando a 200 millas al oeste de las islas Hawai. El USS *Enterprise* se encontraba en disposición de combate desde el 28 de noviembre anterior, según una orden

FORMACIÓN DE TRES MODELOS DE AVIONES NORTEAMERICANOS presentes en el Pacífico. De arriba abajo, Boeing B-17 Flying Fortress de bombardeo, Douglas C-54 Skymaster de transporte y Consolidated B-24 Liberator de bombardeo.

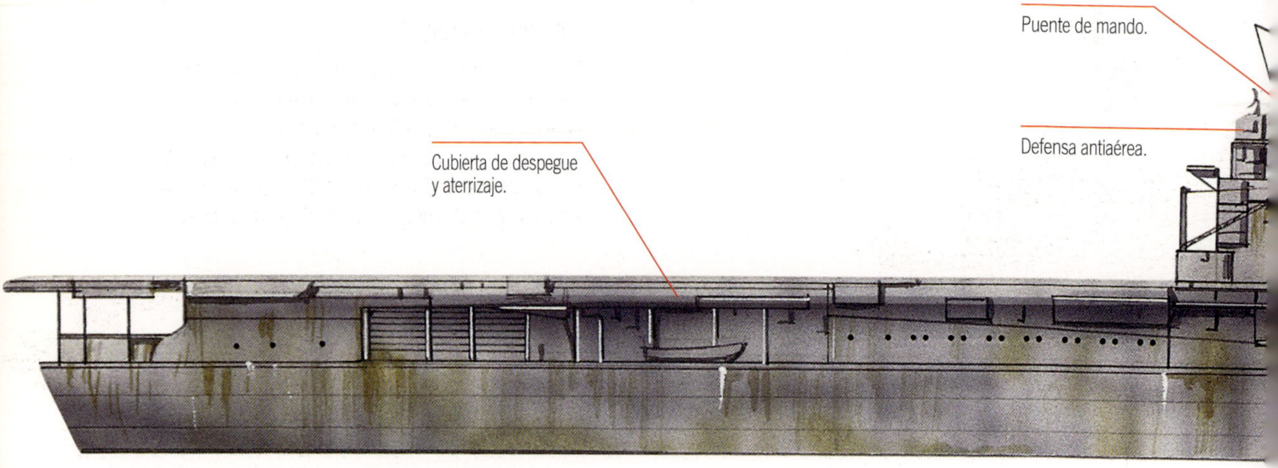

dictada por el vicealmirante William F. Hasley, jefe de la *Task Force* (fuerza de tarea), lo que prueba que los norteamericanos conocían el riesgo de un ataque inminente por parte de los japoneses.

Sobre la hora mencionada el navío viró a babor para encararse al viento y poder lanzar al aire sus aviones de reconocimiento. Los 14 aparatos Douglas SBD-2 Dauntless del *Squadron* VS-6 y otros tres aviones del mismo tipo pertenecientes al *Squadron* VB-6, además de efectuar el vuelo de descubierta por sectores, habían recibido órdenes de no regresar al portaaviones y dirigirse a la estación aeronaval de Ford Island, donde deberían tomar tierra. Con todos estos aparatos despegó el avión Douglas Dauntless pilotado por el comandante Howard Young, jefe del Grupo aéreo nº 6, embarcado en el USS *Enterprise*. A bordo de dicho avión subió el oficial del mismo empleo Nichols, perteneciente al estado mayor del almirante Hasley.

Era un total de 18 aviones, los cuales, por parejas, habrían de reconocer nueve sectores. A las 06:18 h comenzaron a despegar los Douglas SBD-2 y todo parecía transcurrir con normalidad absoluta. Sin embargo, sobre las 08:00 h se recibió a bordo del *Enterprise* un angustioso mensaje de radio: "¡No disparéis! ¡Somos aviones americanos!".

Los operadores que recibieron el mensaje en el portaaviones reconocieron de inmediato la voz del angustiado y asombrado piloto, que no era otro que el alférez de navío Manuel González, que tripulaba el Douglas SBD-2 Dauntless de matrícula 6B3, y a quien acompañaba el marinero Leonard Kozelek, en calidad de ametrallador-bombardero.

No cabía duda de que el mensaje radiado no estaba dirigido al USS *Enterprise* sino a otro destinatario desconocido. No hubo nuevos mensajes del alférez de navío González, pero pocos minutos más tarde se recibió otro mensaje en el portaaviones. Esta vez se trataba del teniente de navío Earl Gallagher, segundo comandante del *Squadron* VS-6, que transmitió desde su avión: "Aviones enemigos están atacando Pearl Harbor. Deben ser japoneses". Casi de inmediato llegó un nuevo mensaje, que en este caso prove-

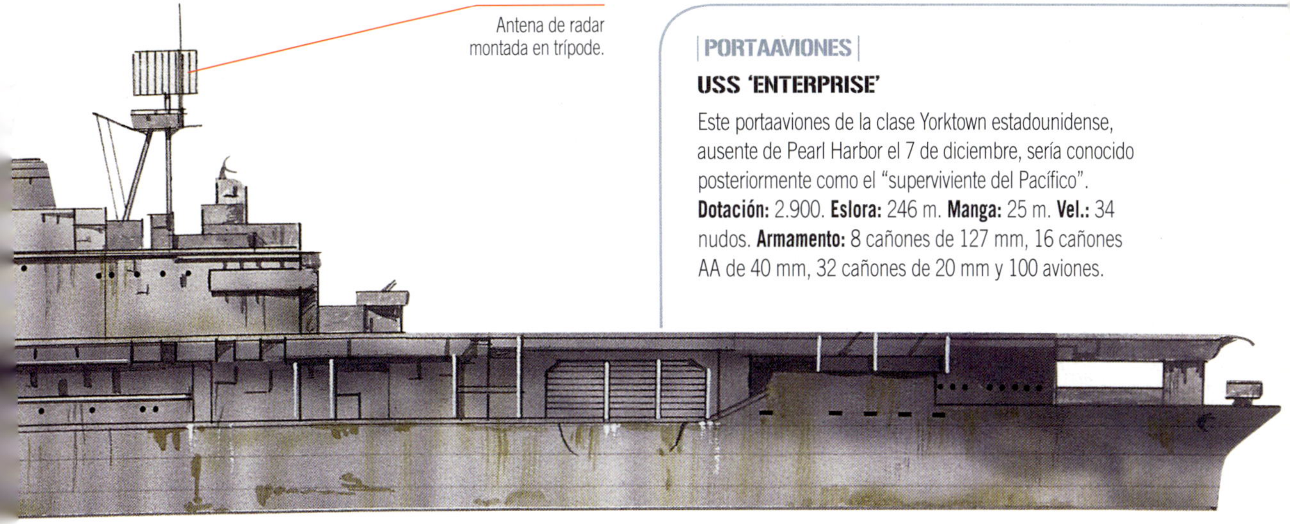

| PORTAAVIONES |

USS 'ENTERPRISE'

Este portaaviones de la clase Yorktown estadounidense, ausente de Pearl Harbor el 7 de diciembre, sería conocido posteriormente como el "superviviente del Pacífico". **Dotación:** 2.900. **Eslora:** 246 m. **Manga:** 25 m. **Vel.:** 34 nudos. **Armamento:** 8 cañones de 127 mm, 16 cañones AA de 40 mm, 32 cañones de 20 mm y 100 aviones.

nía del estado mayor de la flota del Pacífico, y que decía: "Raid aéreo sobre Pearl Harbor. No se trata de ejercicios".

En aquel momento ya habían sido derribados cinco de los Douglas SBD-2 Dauntless de la dotación del USS *Enterprise*. Pero, ¿qué les había ocurrido a estos aviones de la US *Navy*? Los 18 Douglas SBD-2 volaban por parejas, en formación muy abierta, cuando divisaron a lo lejos las islas del archipiélago de las Hawai. El tiempo climatológico era bueno, así como la visibilidad, a pesar de los abundantes cúmulos que había en el cielo. Fueron otras nubes las que atrajeron la atención de los aviadores navales estadounidenses. Densas columnas de humo negro ascendían desde la isla de Oahu. También observaron en el cielo de la isla unas explosiones que dejaban un rastro de humo negro. Alguno se preguntó: ¿serán ejercicios de tiro de las baterías antiaéreas? Las dudas se disiparon al instante. La formación de aviones Douglas SBD-2 fue interceptada por un enjambre de cazas Mitsubishi A6M2b Zero japoneses, que surgían por todas partes disparando sus mortíferos cañones y ametralladoras.

El avión pilotado por el comandante Young, que encabezaba la formación norteamericana, comenzó a encajar numerosos impactos. Su tripulante, el comandante Nichols, intentó inútilmente montar la ametralladora defensiva en la cabina trasera para tratar de repeler los reiterados ataques de los cazas enemigos, aunque no consiguió instalar el arma en su soporte. No obstante, su esfuerzo era inútil, ya que la tierra se acercaba inexorablemente a toda velocidad. El avión estaba volando muy bajo cuando el motor comenzó a fallar. El piloto Howard Young consiguió aterrizar en una zona de terreno llano de la isla y tanto él como su compañero resultaron ilesos.

El avión del teniente González, el matriculado 6B3, se había cruzado con una formación de bombarderos en picado Aichi D3A1 Val, que el piloto creyó reconocer como aviones propios, aunque estos aviones japoneses ametrallaron el avión Douglas norteamericano. De ahí el mensaje de radio que lanzó

PORTADA DE LA REVISTA NORTEAMERICANA 'Collier's The National Weekley' del día 12 de diciembre de 1941, haciendo alusión al sorpresivo ataque de los japoneses.

al éter, ya que creía ser atacado por sus compañeros. El Dauntless de González resultó abatido sobre el mar y se hundió con sus dos tripulantes a bordo, que fueron dados como desaparecidos.

El Douglas SBD-2 de matrícula 6S14, que pilotaba el alférez de fragata Edward T. Deacon, también fue atacado por los cazas Mitsubishi A6M2b antes de alcanzar la isla de Oahu. El piloto norteamericano se vio sorprendido por una larga ráfaga de disparos y los proyectiles trazadores parecían acercarse a su avión a cámara lenta. Un caza japonés cruzó ante el morro del SBD-2 Dauntless y Deacon, instintivamente, disparó sus ametralladoras sobre el Zero japonés. El aviador estadounidense se percató, asimismo, de que su ametrallador-bombardero, el marinero Coslett, también disparaba su ametralladora defensiva trasera. Deacon entabló combate sucesivamente con dos cazas Mitsubishi A6M2b Zero pero su avión, bastante más lento que los cazas japoneses, se llevaba la peor parte. De pronto, se agotó la munición de sus ametralladoras delanteras, aunque el marinero Coslett continuaba disparando algunas ráfagas más, pero finalmente dejó de hacerlo al haberse agotado los cargadores de su arma. Además, Coslett informó a su piloto que se encontraba herido de bala. Afortunadamente para los tripulantes del *Dauntless* los cazas nipones habían desaparecido y el avión volaba ya lo suficientemente cerca de tierra como para intentar aterrizar.

Deacon tomó rumbo al aeródromo de Hickam Field, situado al sureste de Pearl Harbor. Se disponía ya a enfilar la pista de aterrizaje, pero estando aún sobre el agua, su aparato, el 6S14, se vio de nuevo atacado por los cazas Zero. El motor empezó a fallar y Deacon sintió un fuerte golpe en una pierna. Había sido alcanzado por una bala enemiga. Intentó controlar el avión, pero la superficie del mar se acercaba peligrosamente y finalmente pudo amerizar a considerable velocidad. El fuselaje no llegó a partirse en dos y el Douglas SBD-2 quedó flotando. La herida de Deacon no era tan grave como creyó en un principio y el piloto logró pasar a la cabina trasera, donde realizó un torniquete con un cable de la radio al marinero Coslett, ya que éste perdía mucha sangre por la herida que tenía en un brazo. Edward

Deacon hinchó la balsa neumática de color amarillo, ayudó a subir a ella a Coslett y comenzó a remar dirigiéndose hacia la costa, concretamente hacia la escollera. Los aviadores militares de Hickam Field, que habían sido testigos del derribo, acudieron en su ayuda en cuanto arribó al muelle.

El marinero herido fue desembarcado y enviado a la enfermería, mientras que Deacon ocultó su propia lesión, pues ésta no le molestaba en absoluto. Pidió a los oficiales aviadores del ejército que le facilitasen un avión para combatir otra vez contra los japoneses, pero éstos se encogieron de hombros: en Hickam Field no había un solo aparato capaz de emprender el vuelo. Deacon dijo entonces que se marchaba a la estación aeronaval de Ford Island a pedir otro avión, pero desde la no muy lejana estación de la US *Navy* se elevaban unas columnas de humo muy poco prometedoras para los deseos del joven piloto.

El teniente Earl Gallagher, segundo comandante del *Squadron* VS-6, que fue el primer aviador naval norteamericano que identificó a los aviones japoneses y en cuanto vio a los cazas Mitsubishi A6M2b Zero comenzó a perder altura con rapidez, ya que era consciente de la inferioridad de su avión Douglas SBD-2 ante aquellos aviones enemigos. Volando muy bajo, casi rozando la superficie del mar, pudo observar cómo pasaban sobre él los torpederos Nakajima B5N2 Kate, ya desprovistos de sus artefactos tras haberlos lanzado sobre los buques de guerra norteamericanos, y que tomaban rumbo noroeste de regreso a sus portaaviones.

Gallagher se dirigió a la isla de Oahu y, sobrevolando densas columnas de humo negro que surgían por doquier, al fin alcanzó

New York World-Telegram

7TH SPORTS
LATEST RACING
Results on Page 26.
PRICE THREE CENTS

Local Forecast: Light rains tonight, somewhat higher temperatures than last night; tomorrow cloudy followed by clearing, cooler than today.

VOL. 74.—NO. 135.—IN TWO SECTIONS—SECTION ONE — NEW YORK, MONDAY, DECEMBER 8, 1941.

1500 DEAD IN HAWAII

Congress Votes War on Japan; Manila Bases Bombed Again

Tally in Senate Is 82 to 0, In House 388 to 1, with Miss Rankin Sole Objector

BULLETIN.

WASHINGTON, Dec. 8.—President Roosevelt at 4:10 p. m. today signed the joint Congressional resolution declaring existence of a state of war with the Japanese Empire.

By LYLE C. WILSON.

WASHINGTON, Dec. 8.—Congress today proclaimed existence of a state of war between the United States and the Japanese Empire 33 minutes after President Roosevelt stood before a joint session to ask such action and pledge that we will triumph—"so help us, God."

100 to 200 Soldiers Killed in Japanese Raid On Luzon in Philippines

By the United Press.

WASHINGTON, Dec. 8. — Casualties on the Hawaiian island of Oahu in yesterday's Japanese air attack will amount to about 3000, including about 1500 fatalities, the White House announced today.

The White House confirmed the loss in Pearl Harbor of "one old battleship" and a destroyer, which was blown up.

Several other American ships were damaged and a large number of army and navy airplanes on Hawaiian fields were put out of commission, the White House disclosed.

It reported at the same time that American operations against Japan were being carried out on a large scale, resulting already in the destruction of "a number of Japanese planes and submarines."

The White House statement said:

"American operations against the Japanese attacking force in the neighborhood of the Hawaiian Islands are still continuing. A number of Japanese planes and submarines have been destroyed.

"The damage caused to our forces in Oahu in yesterday's attack appears more serious than at first believed.

"In Pearl Harbor itself one old battleship has capsized and several other ships have been seriously damaged.

"One destroyer was blown up. Several other small ships were seriously hurt. Army and navy fields were bombed with the resulting destruction of several hangars. A large number of planes were put out of commission.

"A number of bombers arrived safely from San Francisco during the engagement—while it was under way. Reinforcements of planes are being rushed and repair work is under way on the ships, planes and ground facilities.

"Guam, Wake and Midway Islands and Hong Kong have been attacked. Details of these attacks are lacking.

"Two hundred marines—all that remain in China—have been interned by the Japanese near Tientsin.

"The total number of casualties on the island of Oahu are not yet definitely known but, in all probability, will mount to about 3000. Nearly half of these are fatalities, the others being wounded. It seems

(Continued on Page Eleven.)

Navy Enlistment Office Swamped by Volunteers

Number Quitting Jobs to Join Is Double That of Last War

All over town today young men—and quite a few old ones with wives and children—were going up to the boss and saying "I quit!" By the hundreds, from the Bronx to Staten Island, they overran the Army, Navy and Marine recruiting offices with such gusto that the Navy had to close down for the day shortly after noon.

(Continued on Page Twelve.)

Britain Declares War on Japan

Becomes Ally of U. S., China and Thailand

(Continued on Page Twelve.)

Roosevelt's War Message To Congress

All Draft Quotas To Be Increased

Japanese Claim Naval Supremacy

Four Battleships, a Carrier, Six Cruisers Reported Hit

TOKYO, Tuesday, Dec. 9 (Official Radio Picked Up by the Associated Press).—The Japanese asserted today they had won naval supremacy over the United States in the Pacific, claiming by official or unofficial reports the destruction of four American battleships and an aircraft carrier and the damaging of six cruisers.

(Continued on Page Two.)

Suicide Leaves Note

Churchill Tells World of War Aim

World-Telegram Index

Japanese Planes Set Big Fires in Manila

Gasoline Dumps Are Believed Hit—Antiaircraft Guns Fire

Bombing with "fiendish accuracy," according to the NBC correspondent at Manila, Japanese planes carried out a heavy attack on Fort McKinley and Nichols Airfield on the outskirts of Manila at 3:09 a. m. (2:09 p. m. EST).

(Continued on Page Five.)

PORTADA DEL DIARIO 'New York World-Telegram' de su edición del día 8 de diciembre de 1941, que se refiere a los 1.500 muertos norteamericanos ocasionados en Pearl Harbor.

la estación aeronaval de Ford Island, donde pensaba tomar tierra. Las explosiones de los proyectiles antiaéreos propios le rodearon pero, al ir perdiendo altura paulatinamente, los cañones y las ametralladoras dejaron de tomarle como blanco. Logró tomar tierra sin más contratiempos y cuando rodaba por la pista distinguió un cuadro desolador. La mayoría de los hidroaviones de la base y los bimotores Consolidated PBY Catalina se encontraban envueltos en llamas, así como algunos hangares y edificios. Aquello era un maremágnum de confusión y desastre.

LA AVIACIÓN JAPONESA FULMINA LOS BUQUES ESTADOUNIDENSES

Los torpederos Kate lograron cinco impactos en el acorazado 'Oklahoma', que capotó y se hundió, llevándose consigo a más de 400 miembros de su dotación. Su gemelo, el 'Nevada', sufrió graves daños, pero sería reflotado y reconstruido.

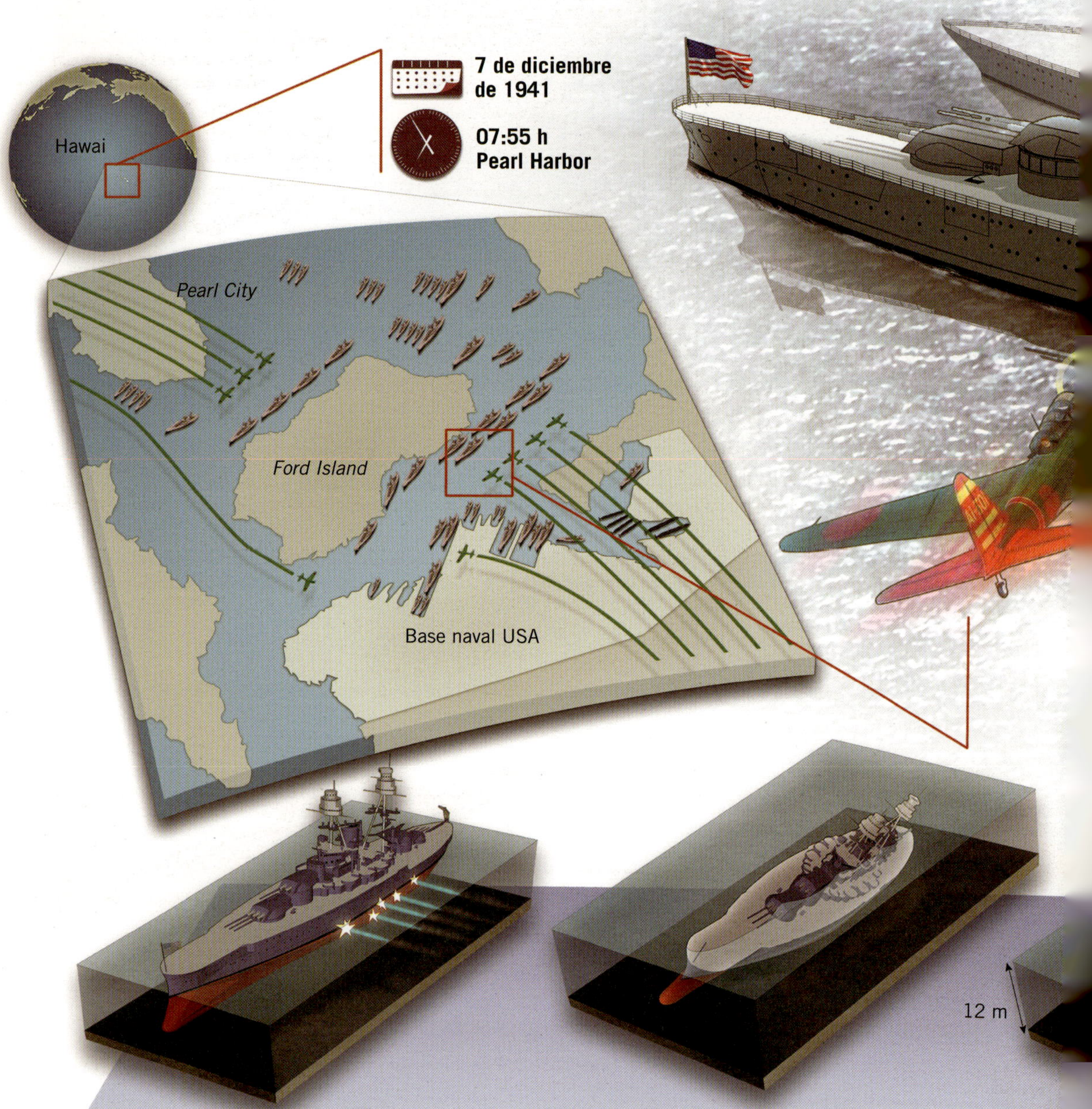

En poco más de un minuto, el *Oklahoma* fue alcanzado por un total de cinco torpedos en su banda de babor. Poco después se hundió en un fondo de 12 m, dejando la obra viva al exterior.

USS 'Oklahoma'
Acorazado
Desplazamiento: **32.000 t**
Dotación: **1.375 hombres**
Armamento:
10 cañones de 356 mm
12 de 127 mm
3 aviones
Blindaje:
cintura acorazada: 340 mm
torres: 450 mm
cubierta: 76 mm
Velocidad: **21 nudos**
Eslora: **178 m**

Perecieron más de 400 hombres de su dotación.

1943
Fue reflotado y desguazado. Sus daños lo hacían irreparable.

Nakajima B5N2 Kate
Bombardero-torpedero triplaza embarcado
Dotación: **3 hombres: piloto, navegante y artillero de cola**
Armamento: **3 ametralladoras de 7,7 mm, 800 kg de bombas o 1 torpedo tipo 91**
Velocidad: **378 km/h**
Techo: **8.300 m**
Usos alternativos: **bombardeos y reconocimiento**

No obstante, pudo ver algunas escenas de valor admirable. Algunos marineros manejaban las ametralladoras instaladas a bordo de los hidroaviones que no eran pasto de las llamas y otros intentaban desmontarlas de los aparatos incendiados, con riesgo de sus vidas, para instalarlas sobre afustes improvisados. Otros hombres de la marina norteamericana se afanaban en poner a salvo a sus compañeros heridos.

Apenas el avión Douglas SBD-2 Dauntless del teniente de navío Gallagher hubo terminado de rodar por la pista cuando se le acercaron varios marineros del escalón de tierra. El oficial les indicó que quería volver a despegar inmediatamente y para ello necesitaba que recargasen el avión de combustible. Los hombres le miraron incrédulos, sin responder ni una sola palabra a su petición. Sin embargo, pasados unos segundos, varios marineros reaccionaron y le manifestaron que tratarían de conseguir una cisterna de combustible. Habría de pasar algún tiempo antes de que ello se hiciera efectivo.

Entretanto, el teniente Clarence Dickinson, a bordo del Douglas SBD-2 matriculado 6S4, se encontraba sobrevolando ya la isla de Oahu cuando sufrió el primer ataque de los cazas Mitsubishi A6M japoneses. El atribulado oficial se encontraba materialmente entre la espada y la pared. Tenía los cazas nipones acribillándole a balazos y debajo una densa nube de explosiones de los proyectiles antiaéreos propios. En principio no supo qué hacer para evitar ambos muros de metralla, aunque su reflexión finalizó cuando oyó el tableteo de la ametralladora manejada por su tripulante, el marinero William Miller. El ametrallador-bombardero disparaba frenéticamente tratando de mantener a raya a los veloces cazas Zero, pero éstos eran demasiados.

De pronto Miller comunicó al oficial piloto que estaba herido, pero que podía seguir dis-

| AVIÓN |

NAKAJIMA B5N KATE

Este avión embarcado japonés, que podía actuar como torpedero y como bombardero, era sumamente preciso y eficaz, razón por la cual se mantuvo en servicio hasta 1945. **Dotación:** 3. **Motor:** Nakajima Sakae 11 de 1.000 CV. **V. máx.:** 378 km/h. **Techo de servicio:** 8.300 m. **Armamento:** 3 ametralladoras de 7,7 mm y 1 torpedo tipo 91.

parando, y así lo hizo hasta consumir el último cartucho. En cuanto los aviadores japoneses se percataron de que el avión norteamericano estaba indefenso, arreciaron los ataques. Dickinson percibía perfectamente cómo los proyectiles enemigos impactaban en su propio aparato y de pronto el Dauntless se mostró incontrolable y entró en barrena, girando de forma enloquecida. A 400 m de altura el oficial gritó a su tripulante que debían saltar inmediatamente. El piloto lo consiguió, pero no así el desafortunado marinero Miller, que cayó junto con el avión y se estrelló contra el suelo, falleciendo de manera instantánea.

Mientras descendía con el paracaídas, Dickinson se percató de que iba a caer muy cerca de Ewa Field, el aeródromo base del Grupo aéreo nº 21 de los marines. Un grupo de soldados de infantería de marina se acercó corriendo para socorrerle y le informaron de que en el aeródromo no quedaba ni un solo avión intacto. Entonces Dickinson se dirigió a la carretera, donde hizo detener un vehículo que marchaba en dirección a Pearl Harbor. Pidió al conductor que le llevase a la estación aeronaval de Ford Island, donde se presentó al oficial de servicio. Allí, al igual que hiciera con anterioridad su compañero y subordinado Deacon, pidió que le dejasen un avión para combatir a los japoneses. Pero no quedaba ni un solo aparato en condiciones de volar.

En resumen, un total de siete de los 18 aviones Douglas SBD-2 Dauntless que despegaron del portaaviones USS *Enterprise* se perdieron. Unos fueron derribados por los aviones de caza japoneses, otros lo fueron a causa del "fuego amigo" de las defensas antiaéreas propias y otros a causa de accidentes o por choque con un avión enemigo. Tal es el caso del avión de matrícula 6S3, pilotado por el alferez de fragata Vogt, que falleció junto con su tripulante al estrellarse

EL PORTAAVIONES 'AGAKI', con su característica chimenea lateral diseñada para dejar despejada la cubierta de vuelo, fue el buque insignia de la armada imperial japonesa durante la Segunda Guerra Mundial.

su Douglas SBD-2 en las inmediaciones de Ewa Field. El resto de los Dauntless del USS *Enterprise* consiguieron aterrizar, sin novedad, en los aeródromos de Ewa Field, Hickam Field o Ford Island.

Por otra parte, dos ametralladores-bombarderos de los Douglas SBD-2 reclamaron el derribo de dos cazas Mitsubishi A6M2b Zero japoneses. De fuentes niponas sabemos que los aparatos abatidos estaban pilotados por los contramaestres Sano y Haneda y que ambos pertenecían a la dotación del portaaviones *Kaga*.

En la isla de Oahu también existía un aeropuerto civil, bautizado con el nombre de John Rogers, que estaba situado al este de la base aérea militar de Hickam Field. Aquella mañana del domingo 7 de diciembre de 1941 era propicia para la práctica del vuelo deportivo. Al menos seis o siete avionetas civiles se encontraban en vuelo sobre la isla, realizando viajes de placer o bien en prácticas de vuelo. Tal es el caso del profesor de pilotaje Tom Tommerlin, del aero-club Hui Lele, quien, a bordo de un monoplano Aeronca de color amarillo, impartía clases de vuelo a su alumno Jim Duncan.

Se hallaban volando cerca de la punta de Kahuku cuando oyeron el tableteo de una ametralladora y notaron que el pequeño avión daba un violento balanceo. Pocos segundos después volvió a repetirse la secuencia. Al principio, el piloto norteamericano pensó que algún alocado piloto militar de Hickam Field se divertía y pretendía asustarlo. Pero pronto se percató de las trayectorias incandescentes de los proyectiles trazadores y notó cómo las balas alcanzaban el fuselaje de su avión. Desde abajo, dos cazas Mitsubishi A6M2b Zero le habían ametrallado y pasaron muy cerca del pequeño Aeronca,

que se vio sacudido por el rebufo de las hélices de ambos aviones japoneses, los cuales viraron para efectuar un nuevo ataque. Fue entonces cuando Jim Duncan distinguió los soles nacientes rojos en las alas de aquellos aviones. El piloto Tommerlin lanzó el Aeronca en picado hacia la costa, volando más bajo que los acantilados, casi rozando el mar. Los japoneses dieron un par de pasadas sobre el indefenso avión civil y desistieron finalmente del ataque, alejándose con rumbo a Pearl Harbor. El renqueante aparato de Tommerlin y Duncan consiguió finalmente aterrizar en el aeropuerto civil John Rogers.

Algo similar le ocurrió a otro piloto civil, el abogado Roy Vitousek, que también volaba a bordo de una avioneta ligera Aeronca. Había despegado del mencionado aeropuerto para realizar un vuelo de placer junto con su hijo Martin. Ya se disponía a tomar tierra en el John Rogers cuando vio explosiones en el cercano aeródromo de Hickam Field y en la estación aeronaval de Ford Island. Pronto distinguió, más bajos que él, algunos aviones que no relacionó, en principio, con un posible bombardeo aéreo. Enseguida notó nuevas explosiones en los hangares de Hickam Field y finalmente pudo comprender que algo raro estaba sucediendo, puesto que observó los soles nacientes en las alas de los aviones situados bajo su aparato. Dos cazas Mitsubishi A6M2b Zero, más altos, le dieron una pasada sin disparar sus armas y el Aeronca pudo tomar tierra en el aeropuerto sin novedad. Vitousek, nada más descender de su avión, fue recibido por un empleado del aeropuerto civil, que le decía indignado: "¿Ha visto Usted. qué locos? Deben estar borrachos... ¡Haciendo prácticas con municiones reales!". Vitousek le sacó de su error. No eran aviadores norteamericanos que hubiesen bebido más de la cuenta. Eran aviones japoneses los que bombardeaban la isla de Oahu.

Otras avionetas civiles, como el monoplano de ala alta Piper J-3 Cub que pilotaba Robert Tyce, también fueron ametralladas por los cazas Mitsubishi A6M2b japoneses, hundiendo en este caso al piloto. Otro aparato de turismo, del mismo tipo, en el que volaba el piloto Martin Poston, tuvo que realizar un aterrizaje de emergencia tras sufrir una agresión similar de los cazas Zero japoneses.

Otras dos avionetas Piper J-3 Cub, que pilotaban respectivamente Henry Blackwell y Clyde Brown, fueron dadas por desaparecidas y jamás se supo lo que pasó con ellas y sus pilotos, ya que nunca se encontró traza de los aparatos. Lo más probable es que ambos aviones civiles fueran abatidos sobre el mar por los Mitsubishi A6M2b Zero nipones para evitar que diesen la alarma.

Más suerte que los anteriores tuvo el biplano Boeing-Stearman 73 Kadet que pilotaba Cornelia Fort, una instructora de vuelo de la compañía Andrew Flying Service, la cual se encontró de pronto volando junto a una formación de bombarderos en picado Aichi D3A1 Val, sin que éstos agrediesen al pequeño avión entrenador que, tras efectuar un fuerte picado, regresó al John Rogers.

LOS AVIONES JAPONESES, QUE HABÍAN AGOTADO SUS MUNICIONES, EMPRENDIERON LA MANIOBRA DE REUNIÓN PARA REGRESAR A SUS PORTAAVIONES

Mientras, las sorprendidas y maltrechas dotaciones de los buques norteamericanos alcanzados por los torpedos y las bombas japonesas en Pearl Harbor intentaban sofocar los incendios, salvar el navío del hundimiento o sus propias vidas, los aviones japoneses, que habían agotado sus municiones, emprendieron la maniobra de reunión para regresar a sus portaaviones. Los cazas Mitsubishi A6M2b Zero carecían de los instrumentos de navegación necesarios para garantizar el regreso a los navíos y debían reunirse con los aviones de bombardeo que contaban con excelentes oficiales navegantes para marcar el rumbo de vuelta a casa. El punto de reunión de las formaciones japonesas se había establecido a 20 millas al norte de Kaena Point.

El capitán de fragata Fuchida realizó un último vuelo de reconocimiento fotográfico para comprobación de daños, y pudo asegurarse de que cuatro acorazados norteamericanos habían sido hundidos y otros tres se encontraban gravemente averiados. La densa humareda que cubría los aeródromos de la isla impedía realizar cualquier cálculo preciso acerca del número de aviones realmente destruidos. Pero Fuchida comprobó que no había aparatos enemigos en el aire. Aquello era una buena señal. Cuando con posterioridad hizo balance, los éxitos obtenidos compensaban sobradamente las pérdidas propias. Éstas eran de nueve aviones: cinco torpederos Nakajima B5N2, tres cazas Mitsubishi A6M2b y un bombardero Aichi D3A1. No era un mal resultado.

EL VERSÁTIL AVIÓN EMBARCADO JAPONÉS Nakajima B5N2 Kate fue utilizado indistintamente como torpedero y como avión de bombardeo horizontal durante la ofensiva en el Pacífico.

ASPECTO DEL ACORAZADO NORTEAMERICANO USS 'MARYLAND', tras ser gravemente dañado después de los ataques nipones.

Mitsuo Fuchida regresó al punto de reunión y desde allí pudo guiar a dos cazas Mitsubishi A6M Zero rezagados que realizaban vuelos en círculos y ya desesperaban de encontrar a sus compañeros. El Nakajima B5N2 de matrícula AI-301 tomó rumbo norte, seguido por los Zero que se habían quedado atrás. Sin duda Fuchida había salvado las vidas de estos pilotos de caza. Eran las 08:40 h cuando la gran formación emprendió el vuelo de regreso. El jefe de la primera oleada aérea nipona transmitió el siguiente mensaje de radio: "Misión cumplida. Regresamos. Pearl Harbor es un mar de fuego".

Para facilitar el regreso de los aviones, el almirante Nagumo autorizó a su jefe de estado mayor, Kusaka, acercar los portaaviones a 190 millas de las islas Hawai, aunque al principio el límite de aproximación se había establecido en 200 millas para evitar ser descubiertos por los hidroaviones de patrulla norteamericanos. El almirante sabía que diez millas extras podían significar la salvación de un avión con averías o escaso de combustible. Kusaka, en el puente de mando del *Akagi*, provisto de prismáticos oteaba inquieto el horizonte. Poco después de las 10:00 h consiguió distinguir los primeros puntos negros en el cielo azul del Pacífico. Los aviones iban llegando en escuadrillas, en patrullas, en parejas o aislados. El combustible escaseaba ya. Un caza Mitsubishi A6M2b Zero, de la dotación del *Shokaku*, que volaba casi a la altura de las olas, consiguió a duras penas llegar a la cubierta de aterrizaje. No le quedaba ni una gota de combustible en los depósitos. Otro avión del mismo tipo, al aterrizar en dicho portaaviones, capotó, quedó invertido, pero el piloto no sufrió daños. También tuvo suerte el teniente de navío Yano, igualmente del portaaviones *Shokaku*, cuyo

Aichi D3A1 Val de bombardeo en picado se quedó sin combustible justo antes de poder poner las ruedas en cubierta y amerizó justo al lado del portaaviones. Todo quedó en un inesperado baño, ya que inmediatamente fue rescatado junto con su tripulante. El regreso, pese a estos mínimos incidentes, había resultado un éxito rotundo.

Ahora le tocaba el turno a la segunda oleada de aviones de ataque.

CAPÍTULO 05

GOLPE DE GRACIA DEFINITIVO CON LA SEGUNDA OLEADA

Minutos después de haber despegado los aviones del capitán de fragata Fuchida, a bordo de los seis portaaviones de la armada imperial japonesa se reanudó la febril actividad de los miembros de los equipos de tierra. Una nueva oleada de aviones debía salir a continuación.

Se trataba de completar la labor destructora de la primera oleada y asentar el golpe de gracia definitivo al poder militar norteamericano en el Pacífico. En esta ocasión se prescindía del empleo de los aviones torpederos y los 54 aparatos Nakajima B5N2 Kate que despegaron para realizar el segundo ataque iban armados con bombas de 250 y 60 kg de peso. También acompañaban a estos bombarderos horizontales una copiosa unidad de 78 aviones Aichi D3A1 Val de bombardeo en picado. Estos 132 aviones de bombardeo iban escoltados por 35 cazas Mitsubishi A6M2b Zero. Eran un total de 167 aparatos de combate japoneses los que participarían en el segundo ataque contra los navíos e instalaciones militares estadounidenses situados en la isla de Oahu.

Habían pasado 45 minutos desde el despegue de la primera formación aérea cuando comenzaron las salidas desde las cubiertas de los portaaviones japoneses de los aparatos destinados a acometer la segunda oleada. Esta nueva formación aérea estaba bajo el mando del capitán de corbeta Shigekazu Shimazaki, a su vez comandante de los aparatos de bombardeo horizontal. Eran las 06:45 h cuando los primeros aviones tomaron rumbo hacia las islas Hawai.

El capitán de corbeta Shimazaki era consciente de que en esta ocasión no habría sorpresa y que tanto las defensas antiaéreas como los cazas norteamericanos, si los había, les estarían esperando. El riesgo que habrían de afrontar sus pilotos y tripulantes era sin lugar a dudas mucho más alto que el sufrido por sus antecesores, pero no tenían más remedio que asumir el reto. Era necesario reafirmar el golpe asestado durante el primer ataque, causar el mayor daño posible a las unidades navales y aéreas estadounidenses y dejarlas fuera de combate. Ésta era su única misión.

La formación aérea japonesa no tuvo dificultad alguna para llegar a la isla de Oahu y

TRAS EL RAID AÉREO JAPONÉS, en el dique seco de Pearl Harbor se ven en primer plano los restos de los destructores 'Cassin' y 'Downes'. Tras ellos, con daños, el USS 'Pennsylvania'.

a las 08:40 h la tenían a la vista. El capitán de corbeta Shimazaki ordenó entonces a sus pilotos que se preparasen para el ataque definitivo. Los aviones de bombardeo en picado Aichi D3A1 Val, a las órdenes del capitán de corbeta Takashige Egusa, deberían rematar a los acorazados y cruceros de batalla situados en la base naval de Pearl Harbor, mientras que los bombarderos horizontales Nakajima B5N2 Kate, escoltados por los cazas Mitsubishi A6M2b Zero, habrían de atacar los aeródromos militares y las estaciones aeronavales de la isla para destruir el poder aéreo estadounidense. Eran las 08:54 h cuando se inició la dislocación de las unidades aéreas japonesas, poniendo rumbo a sus respectivos objetivos.

EMBLEMA DE LA USAAF, 'United States Army Air Force', fuerza aérea del ejército de los Estados Unidos.

Sobre las 09:00 h, una formación de Aichi D3A1 liderada por el capitán de corbeta Egusa, que pilotaba el avión matriculado BI-231, se lanzó en picado sobre los navíos de guerra estadounidenses surtos en la base naval, desde la cual se elevaban densas columnas de humo negro, claro vestigio del ataque anterior. La recepción dispensada por las piezas de artillería antiaérea de los buques norteamericanos fue bastante efectiva, ya que los artilleros del acorazado USS *Maryland* y del crucero USS *Helena* se anotaron en su haber el derribo de tres de los bombarderos en picado atacantes.

Pero los Aichi D3A1 japoneses no se arredraron ante la tempestad de fuego antiaéreo y a las 09:10 h las bombas niponas habían dañado al destructor USS *Cummings* y al buque-taller USS *Riggel*, situados en el muelle de la base, así como al crucero USS *Honolulu*, amarrado en otro muelle cercano. Minutos después los Aichi tipo 99 Val centraron sus ataques en picado sobre el dique seco nº 1, que albergaba al acorazado USS *Pennsylvania*, que todavía estaba intacto, y que recibió entonces un impacto directo en una de las torres de popa. La metralla de otras bombas ocasionaron la muerte de su comandante, el capitán de navío Charles Cooke. También se encontraban en el dique seco nº 1 los destructores USS *Downes* y USS *Cassin*, que fueron repetidamente alcanzados por las bombas enemigas, que los dejaron fuera de combate, incendiándolos. Los torpedos y municiones del último destructor citado hicieron explosión, quedando el navío materialmente desmantelado a las 09:37 h de aquella mañana.

Un poco más al oeste del dique nº 2 se encontraba el dique flotante, que albergaba al destructor USS *Shaw*, también alcanzado por las bombas de los bombarderos en picado japoneses a las 09:12 h. El fuego producido por los impactos se fue extendiendo paulatinamente por el navío hasta que llegó a alcanzar la santabárbara de proa. Eran las 09:30 h cuando se produjo la explosión y el buque norteamericano casi saltó por los aires. Fue un espectáculo aterrador: trozos de metal ardiente salieron despedidos en todas direcciones y una gran bola de fuego se alzó en el aire como si surgiese del mismo infierno.

DUELO DE CAZAS EN LOS CIELOS DEL PACÍFICO: ZERO CONTRA TOMAHAWK

El caza japonés Mitsubishi A6M2b Zero no tenía rival alguno en el escenario del Pacífico en 1941, sobre todo a mano de los entrenadísimos pilotos japoneses. Pese a sus limitaciones, el Curtiss P-40 Tomahawk de los estadounidenses tuvo un papel digno.

Mitsubishi A6M2b Zero
Armamento:
2 cañones de 20 mm y
2 ametralladoras de 7,7 mm
Velocidad: **540 km/h**
Techo: **10.000 m**
Autonomía: **1.900 km**

Zero

Pros

Extremadamente maniobrero
Superaba a todos los aviones aliados en 1941 y 1942.

Contras

Carecía de blindaje
y eso lo hacía muy vulnerable a las ametralladoras de 12,70 mm de los aviones aliados.

Muchos pilotos japoneses siguiendo el código de honor kamikaze preferían volar sin paracaídas.

Tomahawk

Pros

Muy robusto
Capaz de encajar numerosos impactos de ametralladora y seguir volando.

Gran potencia de fuego
2 ametralladoras de 12,70 mm y 2 de 7,7 mm. Capaz de derribar un avión japonés con una corta ráfaga.

Contras

Mucho menos maniobrable que el Zero
Sólo le superaba en el picado, táctica a la que solían recurrir para despegarse de un avión enemigo a la cola.

Curtiss P-40 Tomahawk

Armamento:
2 ametralladoras de 12,70 mm y 2 de 7,7 mm
Velocidad: **565 km/h**
Techo: **10.000 m**
Autonomía: **1.100 km**

En 1942, la hegemonía del Mitsubishi Zero pasó a la historia. Fue superado por el **Hellcat** y otros modelos posteriores.

INGENTES FUERON LOS DESTROZOS causados en la base naval de Pearl Harbor y en los buques norteamericanos. A la izquierda se aprecia el humo que surge del crucero USS 'Helena', alcanzado por las bombas.

Sobre esta misma hora otra formación de bombarderos en picado Aichi D3A1 Val pasaba en dirección al buque nodriza de hidroaviones USS *Curtiss*, que se encontraba cerca de Ford Island, un poco apartado de Pearl City. Este buque ya había sido previamente alcanzado por el impacto de un avión Val que, averiado a su vez por el fuego antiaéreo norteamericano, se había ido a estrellar contra la grúa de estribor del navío, que comenzó a arder. Una bomba de 250 kg volvió a hacer impacto en el buque nodriza, que quedó envuelto en llamas.

Los Aichi tipo 99 Val de esta misma formación lanzaron otras dos bombas sobre el crucero USS *Raleigh*, que se encontraba inmovilizado. Uno de los proyectiles falló, pero el otro impactó en la popa, atravesando todas las cubiertas del buque y, finalmente, explosionó bajo el agua. El navío comenzó a escorar peligrosamente a babor, pero merced a las serenas órdenes de su comandante, Bentham Simmons, se pudo evitar que diese la vuelta de campana. Aun en plena maniobra de salvamento los artilleros del USS *Raleigh* no cesaron de hacer fuego con las piezas antiaéreas sobre los aviones de bombardeo en picado japoneses. Simmons fue testigo directo de la destrucción de cinco aparatos japoneses, que fueron el Val que se estrelló contra el USS *Curtiss*; otro que cayó al norte de Ford Island; dos que se estrellaron cerca de Pearl City y un quinto avión que hizo explosión en el aire.

El acorazado USS *Nevada*, que ya había sido alcanzado por un torpedo lanzado por los Nakajima B5N2 Kate de la primera oleada, encendió sus calderas y consiguió dar vapor en el plazo récord de 45 minutos. Las hélices comenzaron a moverse. Su comandante accidental, Francis Thomas, un oficial de la reserva naval, intentó salir del puerto

de Pearl rumbo a la entrada de la bahía a través del canal. El gran buque en movimiento llamó poderosamente la atención de los bombarderos en picado japoneses, que pertenecían a la dotación del portaaviones *Kaga*, los cuales concentraron sobre él sus ataques. El alferez de fragata David King, que se encontraba en uno de los muelles de Pearl Harbor, observó cómo una escuadrilla de aviones Aichi D3A1 Val parecía haber tomado como objetivo al crucero USS *Helena*, pero a mitad de su trayectoria descendente cambiaron de objetivo y fijaron sus visores en el acorazado. Si bien las primeras bombas cayeron en su estela, pronto fue alcanzado el *Nevada* por tres bombas de

250 kg, que impactaron en la proa y en la superestructura. En un segundo ataque de los bombarderos en picado Val un cuarto proyectil cayó en la cubierta por la banda de estribor, e hizo una verdadera carnicería entre los sirvientes de uno de los cañones antiaéreos, alcanzando también a los hombres de la pieza siguiente, hacia la proa. Los pilotos japoneses tenían verdadero empeño en hundir al acorazado USS *Nevada* en el centro del canal. Así lograrían embotellar a todos los buques de la flota norteamericana en la base naval. Afortunadamente para los estadounidenses, los Aichi tipo 99 Val no lo lograron.

Conscientes del peligro que representaba tal eventualidad, desde la torre de señales del puerto militar se ordenó al comandante del navío atacado que abandonase las aguas del canal. A pesar de que muchos de los hombres de la dotación, incluidos varios oficiales, consideraban que el barco podría alcanzar el mar abierto, las órdenes eran las órdenes. El comandante Thomas mandó parar las máquinas y varó el buque en la costa, frente a Hospital Point. Una vez más un enjambre de bombarderos Aichi D3A1 se abatió fulminantemente sobre el navío, ya inmóvil, y una quinta bomba alcanzó la superestructura, mientras que otras tres lo

CARTEL DE PROPAGANDA ESTADOUNIDENSE que clama por una acción ofensiva sobre el enemigo, tras su infame ataque contra la base de Pearl Harbor. El lema es claro: "¡A por Japón!".

SEGUNDA OLEADA DE ATAQUES A PEARL HARBOR (a las 08:50 h del día 7 de diciembre de 1941)

Conscientes de que ya no gozarían del efecto sorpresa, los japoneses otorgaron al peso de la segunda oleada a 132 aviones de bombardeo escoltados por 35 cazas Mitsubishi A6M2b Zero, que despegaron de Hawai a las 06:45 h. A las 09:00 h los escuadrones de los Aichi D3A1 se lanzaron sobre los aeródromos militares y las estaciones aeronavales de la isla de Oahu, ante la impotencia de sus defensas antiaéreas.

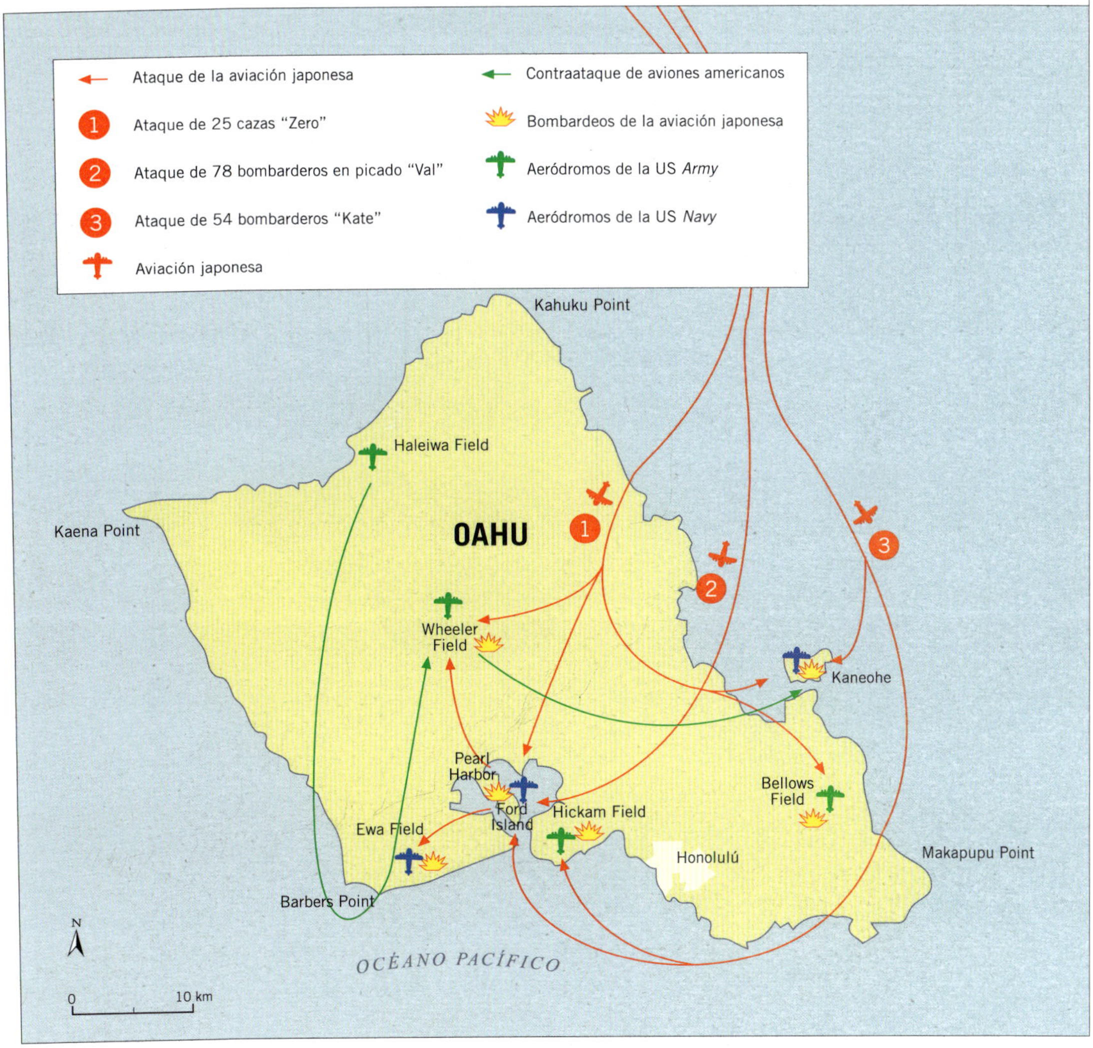

hacían cerca de la proa, cuya metralla ocasionó bajas entre los hombres que trabajaban en la maniobra de fondear las anclas.

Otros navíos de guerra norteamericanos, como los acorazados USS *West Virginia*, USS *California* o el USS *Maryland* sufrieron los ataques de los bombarderos en picado y recibieron nuevos impactos, produciendo bajas. Los Aichi D3A1 Val japoneses centraron sus ataques sobre los buques de guerra enemigos, pero no prestaron demasiada atención a los depósitos de combustible o a

los diques secos existentes en Pearl Harbor, dos objetivos estratégicos que, a la postre, habrían de desempeñar un importante papel en la recuperación de la capacidad ofensiva naval de los Estados Unidos en el Pacífico.

Muchos de los buques hundidos o gravemente alcanzados pudieron ser reflotados y reparados con posterioridad. Es verdad que la US *Navy* sufrió importantes bajas durante los ataques, tanto materiales como personales. En total fueron hundidos o gravemente dañados 21 buques. En lo que a personal se refiere, según el *Navy Bureau of Medicine,* sufrió 2.000 muertos y 710 heridos. Los marines tuvieron 109 muertos y 69 heridos.

El aeródromo de Bellows Field fue el primero en recibir el ataque de los aviones japoneses de la segunda oleada. Este campo albergaba al 86º *Observation Squadron* y días antes del ataque allí estaba destacado el 44º *Pursuit Squadron*, equipado con 12 cazas Curtiss P-40 B, pero desarmados. Tras el primer ataque, los armeros del aeródromo procedieron a instalar las ametralladoras con prontitud en algunos de ellos.

Los aviones japoneses atacantes fueron ocho cazas Mitsubishi A6M2b Zero, que estaban bajo el mando del teniente de navío Nono, de la dotación del portaaviones *Hiryu*. Estos aparatos se presentaron sobre el campo a las 09:00 h y concentraron su fuego sobre los aviones norteamericanos que se habían colocado, de forma dispersa, a ambos lados de la pista de aterrizaje. Un avión de observación Stinson O-49 resultó destruido, así como el caza Curtiss P-40 B en que se disponía a subir el teniente Hans Christianson, que resultó muerto por el ametrallamiento. Otros dos cazas P-40 B lograron despegar para hacer frente a los atacantes, pero no llegaron a tomar altura, puesto que fueron rápidamente abatidos por los Zero. El primero de

| AVIÓN |

AICHI D3A VAL

Este bombardero japonés demostró su potencial en las primeras batallas del Pacífico. Después, evidenció ciertas limitaciones frente a los nuevos modelos de la US 'Navy'. **Dotación:** 2. **Motor:** Mitsubishi Kinsai 54 de 1.300 CV. **V. máx.:** 430 km/h. **Techo de servicio:** 10.500 m. **Armamento:** 2 ametralladoras de 7,7 mm y hasta 500 kg de bombas.

ellos, pilotado por el teniente George Whiteman, fue derribado por el fuego concentrado de nada menos que seis cazas japoneses, resultando herido. El segundo caza norteamericano, que pilotaba el teniente Samuel Bishop, también fue abatido nada más tomar cierta altura sobre la pista, pero el oficial consiguió amerizar en aguas del océano Pacífico y logró nadar hasta llegar a la costa.

El fuego antiaéreo estadounidense alcanzó al caza Mitsubishi A6M2b de matrícula BII-120, pilotado por el contramaestre Nishikaichi, y aunque éste intentó llegar a su portaaviones, debido a las averías se vio obligado a efectuar un aterrizaje de emergencia en una playa de la pequeña isla de Niihau, la más occidental del archipiélago de las islas Hawai. El piloto consiguió ponerse en contacto con algunos habitantes japoneses de la isla y provocar una pequeña sublevación, que fue sofocada por los nativos pro americanos. El contramaestre Nishikaichi se suicidó el día 13 de diciembre de 1941.

El aeródromo de Hickam Field, sede de la 18ª *Bomber Wing*, recibió una nueva visita de los atacantes japoneses. Las defensas antiaéreas de la base entraron en acción de inmediato, pero los aparatos japoneses volaban fuera de alcance, pues las explosiones se producían a menor altura. Eran las 09:05 h cuando los 27 aviones de bombardeo Nakajima B5N2 Kate, pertenecientes a la dotación del *Zuikaku*, en perfecta formación de patrullas en cuña, empezaron a lanzar su carga de bombas sobre las ya castigadas instalaciones del aeródromo del USAAC, colindante con Pearl Harbor. Los proyectiles alcanzaron los hangares números 13 y 15, así como los cuarteles *Consolidated*.

En el hangar número 15 el sargento Swinney supervisaba el montaje de una de las ruedas de un bimotor Douglas B-18A averiado cuando una de las bombas japonesas atravesó el techo del hangar e hizo explosión. Swinney pensó que aquello era el final, pero

| LA HERENCIA DE LOS SAMURÁIS |
| 1939-1945 |

EL CÓDIGO DEL 'BUSHIDO'

El código *bushido*, cuya traducción literal significa "el camino del guerrero", es un estricto sistema ético de los samuráis, los militares que estaban al servicio de los señores feudales en el antiguo sistema feudal japonés, desarrollado entre los siglos IX y XII. Aunque los samuráis fueron abolidos oficialmente hacia 1870, durante la Segunda Guerra Mundial este código se aplicó no sólo en las fuerzas armadas japonesas sino en todas las organizaciones del estado, a fin de que sus reglas inflexibles impusieran los mayores sacrificios en beneficio del objetivo común. Anteriormente, no sólo había informado el espíritu militar japonés sino otras organizaciones, incluso extranjeras y, en la España de los años veinte, el teniente coronel Millán Astray lo había traducido de una edición francesa, para servir de guía al espíritu del Tercio de Extranjeros, fundado por él en Marruecos.

Las exigencias que planteaba el *bushido* resultaban terribles e inhumanas, porque los samuráis habían sido guerreros profesionales vinculados ciegamente a un señor por quien debían perder la vida. Muy alejado de los códigos morales de Occidente y mucho más de las actuales creencias humanitarias, procedía del feudalismo japonés y decía potenciar la honradez, la justicia, el amor y, sobre todo, los ideales guerreros, según

LA FILOSOFÍA DE LOS SAMURÁIS impregnó profundamente la armada imperial japonesa de la Segunda Guerra Mundial, que hizo de ellos el paradigma del espíritu de sacrificio y de entrega a la patria.

consiguió salir de allí a tientas. Ya en el exterior, pudo comprobar que era el único superviviente de su grupo.

En el hangar número 13 también cayeron varias bombas de los aviones Nakajima tipo 97 Kate. El cabo John Sherwood vio cómo dos jóvenes tenientes llegaban corriendo a la oficina de los mecánicos, llorando como niños, intentando buscar refugio. Sherwood consideró que el lugar era poco seguro, aunque permitió entrar a los atribulados oficiales, mientras él abandonaba el lugar apresuradamente. Otra de las bombas japonesas alcanzó de lleno una de las ametralladoras antiaéreas instalada en el campo de béisbol del aeródromo, donde los japoneses creían que se hallaba el sistema de control subterráneo de la conducción de combustible.

Pocos minutos después de la pasada de bombardeo de los Nakajima tipo 97 Kate se presentaron sobre Hickam Field nueve cala regla de que la vida del combatiente carecía de valor frente al deber de combatir y morir por su señor.

Tal convicción originó el desprecio hacia quienes se rendían y promovió el horrible trato que dieron los japoneses a sus prisioneros de guerra, tanto civiles como militares, así como el espíritu de los kamikazes, pilotos suicidas de la marina imperial.

Aunque sus principales raíces intelectuales se debían al budismo zen y al confucionismo, fue influido por todas las grandes corrientes religiosas del pensamiento oriental. Según el budismo, especialmente en su rama zen, el guerrero es un ser estoico que acepta la muerte como inevitable y al que acompaña la virtud durante toda su existencia; su método de contemplación lo pone en armonía con el absoluto, adaptándose a las costumbres bélicas y al culto al valor de los antiguos. El confucionismo aportó también la reverencia a los antepasados y el sentimiento de estricta obediencia a todas las jerarquías, presididas por el emperador, Hijo del Cielo y mediador entre la divinidad y los hombres; el hombre leal y compasivo, practica la justicia y los buenos principios o *Yi*, convirtiéndose en un ser superior. Tomó del taoísmo el camino hacia la inmortalidad, logrado gracias a la armonía entre dos fuerzas antagónicas, el *Yang* y el *Yin*.

Ya en el siglo xx, el código recibió también la influencia del sintoísmo, una doctrina japonesa convertida en religión estatal y patriótica de cara a esta guerra. Insistía en la veneración de los antepasados hasta hacer de la familia imperial la fuente de la nación y la representación del Cielo en la Tierra. Constituyó el núcleo del patriotismo japonés moderno, rotundamente leal al emperador, creía en la pureza innata del hombre y fue la principal guía espiritual durante la conflagración.

La forma original del *bushido* reconocía siete virtudes en el código esencial del guerrero: Rectitud, Coraje, Benevolencia, Respeto, Honestidad, Honor y Lealtad. Dos artes marciales eran consideradas fundamentales en la formación de los samuráis: el arte antiguo de la esgrima o *kenjutsu* (técnica del sable) y la lucha sin más armas que el propio cuerpo, donde destacaban el *jujutsu* (arte de la suavidad) y el *yawarajutsu* (arte de la agilidad), un arte marcial muy antiguo debido a Kamakura Ushogi. A ellos se sumaban el tiro con arco y la equitación, necesarios para formar al guerrero completo, además de las aportaciones de la caligrafía, la literatura y la pintura.

Considerado motor espiritual de la guerra, la ocupación norteamericana prohibió muchas de sus artes marciales y clausuró el Dai Nihon Butokukai (Gran Sociedad Japonesa de las Virtudes Marciales) o Dai Nippon Butokukai, organización gubernamental fundada en Kyoto, en 1895, para promoverlas. [G.C.]

zas Mitsubishi A6M2 al mando del teniente de navío Saburo Shindo, procedentes del portaaviones *Akagi*, que efectuaron tres ametrallamientos sucesivos, haciendo nutrido fuego de sus cañones de 20 mm.

Estas reiteradas pasadas impidieron que el personal técnico estadounidense realizase las labores que habían emprendido para la puesta a punto de los aviones de bombardeo averiados en los ataques anteriores con objeto de contrarrestar la acción aérea japonesa.

Uno de los soldados del equipo de tierra trepó a la torreta de proa de uno de los Douglas B-18A Bolo averiados, haciendo uso de la ametralladora de 7,62 mm contra los cazas japoneses, y permaneció en aquel puesto disparando el arma hasta que, incendiado el avión, que ardía bajo sus pies, hubo de saltar a tierra. El sargento Middaugh, que manejaba otra ametralladora de 7,62 mm, consiguió alcanzar a uno de los cazas atacantes.

MÁS DE 1.000 MUERTOS EN EL HUNDIMIENTO DEL USS 'ARIZONA'

Una de las imágenes más espectaculares del ataque a Pearl Harbor es el momento en que el acorazado norteamericano voló por los aires, al explotar el pañol de proa, alcanzado por la bomba lanzada por un bombardero Val.

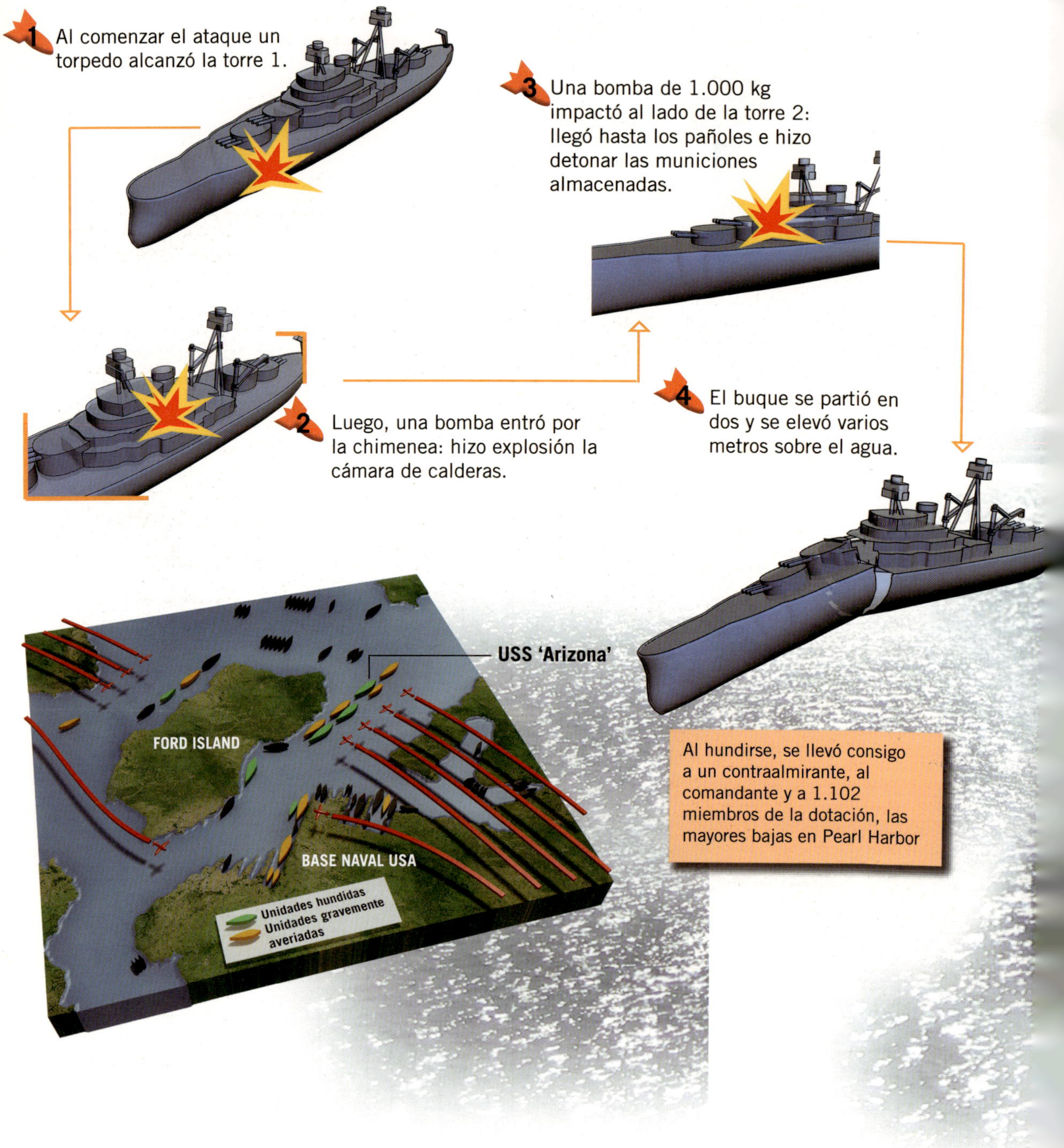

Aichi D3A1 Val

Bombardero en picado

Dotación: **2 hombres**

Armamento: **3 ametralladoras de 7,7 mm**
370 kg de bombas

Velocidad: **386 km/h**

Techo: **10.000 m**

Autonomía: **1.400 km**

Robusto y maniobrero

Siguió en servicio hasta el final de la guerra

Era muy ligero y carecía de blindaje

Armamento principal: **bomba de 250 kg**

USS 'Arizona'

Acorazado

Desplazamiento: **35.000 t**

Dotación: **1.052 hombres**

Eslora: **185 m**

Manga: **30 m**

Armamento: **12 cañones de 356 mm**
12 de 127 mm
3 aviones

Blindaje: **cintura acorazada: 350 mm**
torres: 450 mm

Velocidad: **21 nudos**

MUJERES DEL CUERPO DE BOMBEROS dirigen la manguera hacía uno de los incendios que causó el ataque japonés a la base norteamericana de Pearl Harbor el 7 de diciembre 1941.

Éstos, tras retirarse, dejaron tras sí un desolador paisaje de columnas de humo, aviones incendiados, cadáveres y muchos heridos.

El aeródromo de Wheeler Field –base de la 14ª *Pursuit Wing*–, que ya había sufrido importantes daños durante el ataque de la primera oleada japonesa, porque los aviones nipones lograron destruir numerosos cazas Curtiss P-36 y Curtiss P-40 B y algunos anticuados Boeing P-26, volvió a recibir un nuevo castigo a cargo de los cañones de 20 mm de siete cazas Mitsubishi A6M2b Zero, mandados por el teniente de navío Yasushi Nikaido. Este ataque fue seguido por otro, efectuado por 16 bombarderos en picado Aichi D3A1 Val, a las órdenes del capitán de corbeta Saburo Makino. Todos estos aparatos pertenecían a la dotación del portaaviones *Kaga*. El ataque de los cazas Zero comenzó a las 09:15 h y consistió en una pasada de ametrallamiento sobre los aviones norteamericanos aparcados ante los hangares de Wheeler Field. 15 minutos mas tarde, a las 09:30 h, fueron los Aichi tipo 99 Val los que continuaron la acción aérea, aunque la formación nipona fue interceptada por una pareja de cazas estadounidenses Curtiss P-40 B pilotados por los tenientes Kenneth Taylor y George Welch.

En los tres aeródromos del US *Army Air Corps* resultaron destruidos 66 aparatos y otros 128 sufrieron averías de distinta consideración. En Hickam Field se perdieron 12 B-18, cinco B-17, dos A-20 y un B-24; en

Wheeler Field resultaron destruidos 30 Curtiss P-40, cuatro P-36, seis P-26 y dos OA-9; en Bellows Field las bajas definitivas fueron dos Curtiss P-40, un O-49 y un B-17C.

Ataque a las estaciones aeronavales

La estación aeronaval de Kaneohe había sufrido el ametrallamiento de los Zero del portaaviones *Zuikaku* durante la primera oleada, logrando alcanzar a cuatro hidroaviones Consolidated PBY-5 de la *Pat Wing* 1 que se encontraban fondeados en la bahía, cercanos a la rampa de la estación.

El segundo ataque sobre esta base aeronaval se efectuó a las 08:55 h. Fueron 18 bombarderos Nakajima B5N2 Kate, escoltados por nueve cazas Mitsubishi A6M2 Zero. Estos aviones procedían del *Shokaku* y el *Hiryu*, respectivamente. Los Kate, en cuñas de patrullas, comenzaron a arrojar un rosario de bombas, que alcanzaron de lleno el hangar nº 1, el cual albergaba los hidroaviones PBY-5 de los *Squadron* VP-11 y VP-12, resultando completamente destruidos otros cuatro hidroaviones que estaban en reparación. Otras bombas alcanzaron la línea de hidroaviones Catalina que estaba aparcada en las cercanías de las rampas de descenso hasta el agua. Los cazas Zero realizaron una sola pasada de ametrallamiento, dirigiéndose después hacia Bellows Field. El marinero *Squash* Marshall, que intentaba sofocar el incendio de uno de los hidroaviones, inició la carrera más rápida de su vida. Una ráfaga de disparos de los Zero le pisaba los talones. Tras un esfuerzo sobrehumano consiguió evitar su trayectoria y sus compañeros lanzaron al unísono un grito de alegría. Según numerosos testigos, fue como si volase más que el propio Zero.

Se produjo entonces una pausa y todo el que pudo se hizo con un arma capaz de disparar sobre los aviones enemigos. Algunos marineros incluso manejaban pesadas ametralladoras, desprovistas de afuste o trípode, sosteniéndolas con la fuerza de sus brazos. Eran las 09:05 h cuando se presentaron otros nueve Mitsubishi A6M2 Zero, mandados por el teniente de navío Fusata Ida. Seis de ellos, dirigidos por el jefe de escuadrilla, ametrallaron a los inmóviles Consolidated PBY-5. Como si se tratase de un pensamiento telepático, todas las armas antiaéreas de Kaneohe concentraron sus fuegos en un solo avión: el del teniente de navío Ida, del cual comenzó a salir humo negro, y el motor comenzó a rugir de manera atronadora. El Zero acentuó su picado y no intentó tomar altura, sino que sobrevoló la armería y el almacén general a escasa distancia, después chocó contra una colina cercana. El avión matriculado BI-151 se destrozó completamente y una columna de fuego, humo negro y polvo surgió del lugar del accidente. El piloto resultó muerto en el acto.

El aeródromo de Ewa Field, que acantonaba al 21° *Marines Air Group*, también había sufrido devastadores efectos de los cañones de 20 mm de los cazas Zero japoneses y los impactos de las bombas arrojadas por los Aichi tipo 99 Val. La mayoría de los aviones de los infantes de marina norteamericanos habían sido destruidos o tenían graves averías. Nuevamente los bombarderos en picado japoneses intentaron rematar las instalaciones del castigado aeródromo. A pesar de la gran confusión reinante y aunque no contaba con ningún avión operativo, el jefe del campo, Claude Larkin, organizó la defensa

LOS AVIONES DE CAZA JAPONESES Mitsubishi A6M2b Zero de la dotación del portaaviones 'Hiryu' calientan motores antes de salir a realizar el ataque a Pearl Harbor.

como mejor pudo. El armamento de los aviones destrozados se retiró de los mismos, se instaló de forma improvisada y se organizaron equipos para manejarlo. Dos de los equipos antiaéreos estaban al mando de los sargentos Emil Peter y Carlo Micheletto. Este último suboficial resultó herido por una ráfaga de uno de los aviones Val cuando disparaba su ametralladora sobre los aviones atacantes. El propio jefe del grupo, Larkin, recibió el impacto de un casco de metralla, que le ocasionó una herida leve. La formación japonesa fue interceptada por una pareja de cazas Curtiss P-40 B, con la que entablaron un arduo combate.

Las estaciones aeronavales más castigadas fueron Kaneohe y Ewa Field. Del total de 82 aviones de la US *Navy* que tenían su base en estos aeródromos, al finalizar el ataque sólo uno de ellos estaba en condiciones de vuelo. El total la marina norteamericana perdió 92 aviones y otros 31 quedaron seriamente averiados. En Kaneohe las bajas definitivas fueron de 33 Consolidated PBY y un OS2U; en Ford Island se perdieron en total 26 hidroaviones PBY, OS2U y Grumman J2F; y finalmente, en Ewa Field, los aviones destruidos fueron 32, de los modelos Grumman F4F, Vought SB2U y Douglas SBD-2.

DESCENDIENTES DE ESPAÑOLES EN LA GUERRA DEL PACÍFICO

La implicación de españoles en el Pacífico discurrió por unos cauces muy similares al teatro europeo. Los exiliados prestaron su apoyo a la lucha contra Japón, al igual que los ciudadanos españoles asentados en el Lejano Oriente o el continente americano.

La colonia española en Filipinas gozaba de una gran influencia en el país. En vista del rumbo que estaban tomando los acontecimientos a escala mundial, muchas familias de origen español decidieron cambiar de nacionalidad teniendo en cuenta factores de índole económica. Andrés Soriano y Roxas, dueño de la empresa Cervezas San Miguel, tomó la nacionalidad filipina pocos días después de producirse el ataque japonés contra Pearl Harbor.

A finales de diciembre se incorporó con el grado de capitán a las fuerzas armadas de los Estados Unidos en el Lejano Oriente con el general Douglas MacArthur. Su primer destino estaría ligado a Bataan, desempeñando funciones como oficial de inteligencia militar adjunto al estado mayor del general de brigada Albert N. Jones. Entre sus principales cometidos se encontraba la misión de acompañar al presidente Manuel Luis Quezón mientras se desplazaba por varios puntos del archipiélago.

A punto de producirse la ocupación total de Filipinas por parte de los japoneses, el presidente Quezón y su séquito, junto a Soriano, partieron con destino a Australia utilizando una pareja de bombarderos B-17 Flying Fortress.

Ya en el exilio, Quezón le propuso a Soriano que tomara parte activa en el Gabinete de Guerra. La intención del antiguo empresario era continuar a las órdenes de MacArthur, sin embargo terminaría aceptando el ofrecimiento del presidente filipino, pasando a ocupar el puesto de Secretario de Finanzas, Agricultura y Comercio.

Fue durante este período cuando el aviador español José Antonio Ansaldo intentó contactar con Soriano. Su intención no era otra que organizar una unidad aérea integrada por pilotos de ideología monárquica para luchar contra los japoneses en el seno de las fuerzas filipinas. Desgraciadamente para Ansaldo, cualquier intento de aproximación a Soriano para plantearle este proyecto resultó totalmente infructuoso.

Soriano se mantuvo en el cargo hasta julio de 1944. La liberación de Filipinas estaba próxima y quería permanecer al lado de MacArthur. Reintegrado al *staff* del general con el grado de coronel, estuvo presente en los combates de Leyte y Luzón.

La ocupación de Filipinas tuvo como consecuencia más inmediata que algunos de los residentes de origen español comenzaran a colaborar con los grupos guerrilleros en mayor o menor medida, o se unieran directamente a ellos. Higinio Uriarte Zamacona, hijo de padres vizcaínos, formaría parte de estos últimos, desarrollando una amplia y variada actividad a favor de la organización guerrillera establecida en la isla de Negros.

A lo largo de la campaña del Pacífico, las fuerzas armadas de los Estados Unidos recibirían en sus unidades un importante contingente de personal de origen español. Su procedencia era variada, aunque mayoritariamente se trataba de descendientes de españoles de primera generación. Puede decirse que llevaron la guerra contra Japón luchando por tierra, mar y aire.

El asalto a la isla de Guadalcanal contó con la participación de marines estadounidenses de origen vasco y andaluz, formando parte de las primeras oleadas de desembarco en el islote de Tulagi.

La mayor parte de las órdenes emitidas a las unidades durante la operación fueron dadas en clave utilizando el euskera. La idea había partido del capitán Frank Carranza, nacido en México de padres vascos. En mayo de 1942 llegaron a un campamento de instrucción en San

SOLDADOS ESTADOUNIDENSES DE ORIGEN ESPAÑOL participaron en el asalto a la isla de Guadalcanal, en poder de los japoneses, el 7 de agosto de 1942. La presencia de estos descendientes de españoles fue una constante a lo largo de toda la guerra del Pacífico.

Francisco un grupo de reclutas descendientes de vascos emigrados a los Estados Unidos. Su lengua materna era el medio de expresión habitual entre ellos, lo que sugirió a Carranza la idoneidad de utilizar este idioma en las comunicaciones a modo de código.

El 5º Regimiento extranjero de infantería, desplegado en Indochina, no contaría con un elevado número de españoles en sus filas, al contrario de lo que sucedió en las unidades hermanas emplazadas en el norte de África. Alejado de la metrópoli por una gran distancia, mantuvieron los primeros encuentros armados con los japoneses en septiembre de 1940. Una parte de los legionarios españoles participarían en estos combates encuadrados en el 2º Batallón del regimiento. En noviembre de 1940 tuvieron que hacer frente a las acciones de hostigamiento realizadas por los guerrilleros del Viet Minh. Por si esto fuera poco, en diciembre de 1940, el vecino Siam trató de sacar beneficios territoriales lanzando sus tropas contra las fuerzas coloniales.

Fueron tiempos en los que el 5º Regimiento se vio sometido a un continuo desgaste. En febrero de 1941, Francia decidió enviar la primera expedición de legionarios a la región con el propósito de cubrir las bajas producidas durante los combates. Un pequeño grupo de españoles formaba parte del contingente enviado a ultramar procedente del norte de África. Por esta época, el número de legionarios españoles destinados en el 5º Regimiento rondaba el centenar.

Combatiendo junto a sus compañeros de armas, en marzo de 1945 se opondrían al ataque desencadenado por los japoneses contra las tropas francesas acantonadas en Indochina. [J.M.S.]

CAPÍTULO 06

REACCIÓN DE LOS AVIONES DE CAZA ESTADOUNIDENSES

Aunque los cazas japoneses habían dejado fuera de combate a la mayor parte de los aviones de la USAAF, los Curtiss demostraron una capacidad de respuesta sorprendente que forzaría la retirada de los japoneses tras perpetrar la segunda oleada de ataques.

Un informe oficial de la US *Air Force*, emitido por el general de brigada Howard C. Davidson, jefe de la *14ª Pursuit Wing*, registra únicamente la salida de 14 aviones de caza Curtiss P-36 Hawk, del 15º *Pursuit Group*, el día 7 de diciembre de 1941, aunque es probable que esta cifra incluya a los tres Curtiss P-40 B pilotados por los tenientes Kenneth Taylor, George Welch y Harry Brown.

Estos tres oficiales, pertenecientes al 47º *Pursuit Squadron*, tenían sus cazas Curtiss P-40 B destacados en el aeródromo eventual de Haleiwa Field, situado al noreste de la isla de Oahu. El sábado 6 de diciembre los pilotos se habían trasladado a Wheeler Field, la base principal de los cazas, para asistir al baile del fin de semana. Después se enredaron en una larga partida de póker con otros oficiales del aeródromo que duró casi toda la noche. Eran cerca de las 08:00 h cuando Welch propuso a su compañero Taylor regresar en coche a Haleiwa y darse un baño en la cercana playa, prescindiendo de meterse en la cama, asunto que no parecía convencer a Taylor. Pero la discusión se cortó bruscamente por el inesperado y súbito ataque de los aviones japoneses de la primera oleada.

El jefe del 47º *Squadron*, el *major* Austin, se encontraba ausente, y a falta de órdenes superiores Welch telefoneó a Haleiwa Field, encargando al suboficial de guardia que preparase los cazas Curtiss P-40 B con suficiente combustible y municiones. Rápidamente subieron al coche de Taylor y cruzaron Wheeler Field, bajo el fuego de los cazas Mitsubishi A6M2b Zero, en dirección a Haleiwa Field. Pocos minutos más tarde, en otro vehículo, salieron en la misma dirección otros tres pilotos del 47º *Squadron*, los tenientes Robert Rogers, John Dains y Harry Brown. Nada más llegar a Haleiwa, Welch y Taylor corrieron hacia sus aviones y, sin esperar la llegada del jefe accidental de la unidad, Robert Rogers, que les seguía

NEGRAS CORTINAS DE HUMO atestiguan que los efectos del bombardeo japonés a Pearl Harbor fueron devastadores.

en el otro vehículo, se hallaban en el aire alrededor de las 08:45 h.

Los dos cazas Curtiss P-40 B se dirigieron entonces hacia Barbers Point esperando encontrar allí a los aviones enemigos, pero cuando sobrevolaron el cabo situado al suroeste de la isla de Oahu, los aparatos japoneses de la primera oleada ya habían tomado rumbo de regreso a sus portaaviones. Por radio, los tenientes Taylor y Welch recibieron órdenes de volar hacia Ewa Field, donde una unidad de bombarderos en picado Aichi D3A1 Val se disponía a lanzarse, uno tras otro, sobre el aeródromo del cuerpo de marines. Los dos pilotos norteamericanos se las arreglaron para meterse en medio de la formación japonesa y entablaron un combate de cinco minutos de duración, entre las 09:10 h y las 09:15 h. Cada uno de los pilotos abrió fuego, de forma sucesiva, sobre dos aviones de bombardeo Aichi tipo 99 Val. Según declaró después Taylor, el primer avión al que atacó fue incendiado y seguidamente se estrelló muy cerca de Ewa Field. A continuación ametralló a un segundo Aichi D3A1 Val, pero el ametrallador japonés repelió con su fuego el ataque del Curtiss P-40 B y uno de los proyectiles logró herir ligeramente en un brazo al piloto estadounidense.

Por su parte, George Welch también consiguió abatir a otros dos bombarderos en picado Aichi tipo 99 Val e igualmente ambos aviones resultaron incendiados. De forma muy similar al caso de su compañero, el ametrallador del segundo Val japonés al que atacó logró un impacto en la cabina de su aparato, pero no alcanzó al piloto americano. Durante el combate, los dos Curtiss P-40 B tuvieron que separarse, aunque ambos volvieron a reunirse sobre Wheeler Field, donde hubieron de aterrizar para repostar gasolina y cargar municiones.

Desde este mismo aeródromo, a las 09:15 h, habían conseguido despegar cuatro aviones de caza Curtiss P-36, de los cuales tres pertenecían al 46° *Pursuit Squadron* y el restante al 45° *Pursuit Squadron*, todos ellos bajo el mando del primer teniente Lewis M. Sanders. Pocos minutos más tarde despegaron un quinto y un sexto Curtiss P-36, pilotados por Malcon Moore y Robert Rogers, que también logaron salir de Wheeler Field.

Estos dos últimos aparatos se unieron al tercer Curtiss P-40 B que había conseguido despegar de Haleiwa Field y que estaba tripulado por Harry Brown. Los tres cazas norteamericanos se dirigieron al norte de la isla, donde se encontraron con aviones Aichi D3A1 Val japoneses de la dotación del portaaviones *Hiryu*. Pero los bombarderos en picado nipones no se dejaron intimidar y tres de ellos atacaron al caza P-36 de Rogers, que resultó seriamente tocado. Sin embargo su compañero Harry Brown, que pilotaba el más moderno Curtiss P-40 B, consiguió abatir al Aichi tipo 99 Val de matrícula BII-214, el cual estaba tripulado por los maestres Kiyomura y Shimizu. El averiado caza Curtiss P-36 del teniente Rogers consiguió tomar tierra en el campo eventual de Haleiwa Field. Malcon Moore, a bordo del otro P-36, también ametralló a un bombardero en picado japonés, pero no consiguió abatirlo.

Por otra parte, los cuatro cazas Curtiss P-36, al mando de Lewis Sanders, habían tomado rumbo en dirección a la estación

| AVIÓN |

CAZA CURTISS P-40 TOMAHAWK

Este caza estadounidense estaba algo desfasado para la época, aunque en el escenario chino, en manos de pilotos experimentados, logró imponerse a los japoneses.
Dotación: 1. **Motor:** Allison V-1.710 de 1.040 CV. **V. máx.:** 565 km/h. **Techo de servicio:** 10.000 m. **Armamento:** 6 ametralladoras de 12,70 mm y 2 de 7,7 mm.

ATAQUE A LA BASE NAVAL DE PEARL HARBOR (el 7 de diciembre de 1941)

El ataque japonés a Pearl Harbor se orquestó en dos oleadas. La primera de ellas, acometida entre las 07:55 h y las 08:25 h, estuvo liderada por los aviones torpederos, los bombarderos en picado y los de altura. De las 08:40 h a las 09:25 h se lanzó la segunda oleada, protagonizada por los bombarderos horizontales, seguidos de los bombarderos en picado y de los cazas.

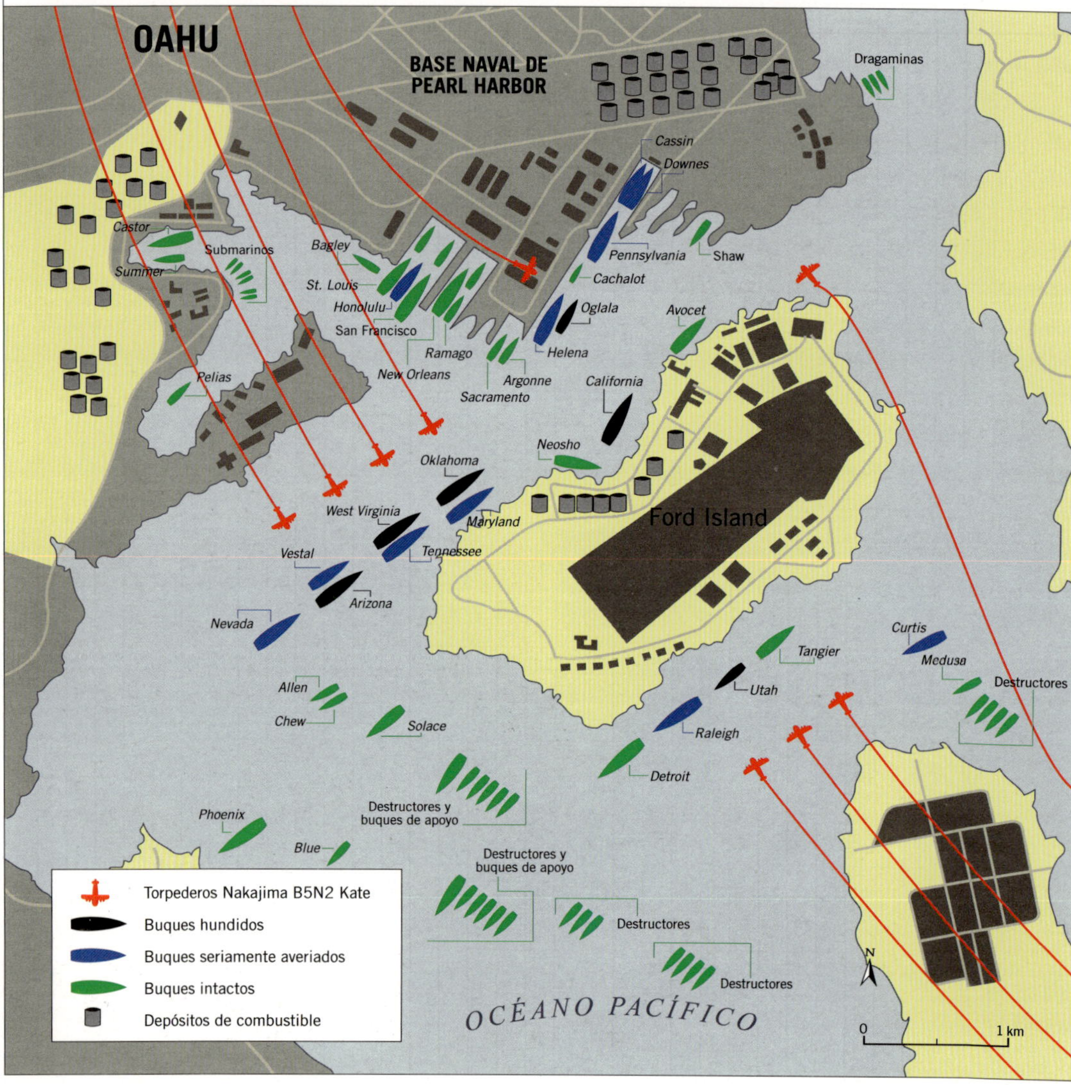

aeronaval de Kaneohe, situada al sureste de Oahu, y allí lograron sorprender a la 3ª Escuadrilla de cazas Mitsubishi A6M2b Zero del portaaviones *Soryu*, que mandaba el alférez de navío Iyozo Fujita. Los cuatro Curtiss P-36 atacaron desde atrás a los cazas japoneses cuando éstos ya regresaban a su portaaviones. Gordon Sterling consiguió derribar al Zero matriculado BI-153, pilotado por el maestre Saburo Ishii, pero el propio

Fujita, con su avión de matrícula BI-110, logró abatir a Sterling, que resultó muerto al estrellarse. Por su parte, Lewis Sanders quiso tomarse la revancha y también alcanzó con sus disparos al avión del jefe de escuadrilla japonesa, que ya había recibido impactos de la artillería antiaérea de Kaneohe. Fujita pensó que jamás llegaría al *Soryu* con el avión en tal estado, aunque lo logró de puro milagro. Cuando su Zero tocó con las ruedas la cubierta del portaaviones, se le desprendió una pieza del motor. Los mecánicos de su unidad contabilizaron nada menos que 200 impactos en el caza. No obstante, la formación japonesa perdió un segundo avión Mistubishi A6M2b Zero, pilotado por el contramaestre Shun Atsumi, y que fue derribado por el Curtiss P-36 del teniente Philip M. Rasmunssen.

Cerca de las 09:20 h siete cazas japoneses Zero, mandados por el teniente de navío Nikaido, del portaaviones *Kaga*, realizaron un fugaz ataque rasante sobre el aeródromo de Wheeler Field, antes de que los cazas Curtiss P-40 B de Taylor y Welch pudiesen reaccionar. Cinco minutos después, los dos pilotos comenzaron a rodar sus cazas por la pista de despegue de Wheeler Field. Despegaron en direcciones opuestas, justo en el momento en que 16 aviones de bombardeo en picado Aichi D3A1 Val, liderados por el capitán de corbeta Makino, se presentaron sobre el aeródromo. Ambos pilotos de caza estadounidenses consiguieron alcanzar a la formación japonesa y entablaron combate, apuntándose cada uno de ellos el derribo de un Val. Taylor continuó la persecución de los bombarderos hasta el norte de la isla y logró abatir a otro Aichi tipo 99 Val, mientras que su compañero Welch se dirigió hacia el aeródromo de Ewa Field, donde entabló un nuevo combate aéreo con un avión japonés rezagado que logró incendiar y derribar con una larga ráfaga de sus ametralladoras.

Estas acciones exitosas de los pilotos de caza estadounidenses fueron, por así decirlo, las únicas buenas noticias que tuvo el mando americano aquella fatídica mañana del 7 de diciembre de 1941.

A las 09:45 h, la segunda oleada de aviones japoneses finalizó su acción ofensiva y emprendió el vuelo de regreso a sus portaaviones.

PÓSTER NORTEAMERICANO DE 1942 con el lema, "¡Recordad el 7 de diciembre!", anunciando la firme determinación de que las muertes de Pearl Harbor no fueran en vano.

DEMOSTRACIÓN DE FUERZA ESTADOUNIDENSE
30 SEGUNDOS SOBRE TOKIO

Pocos meses después de Pearl Harbor los norteamericanos lanzaron un ataque aéreo contra Tokio y otras ciudades japonesas, que produjo muy pocos daños, pero que constituía una demostración de la capacidad de respuesta estadounidense.

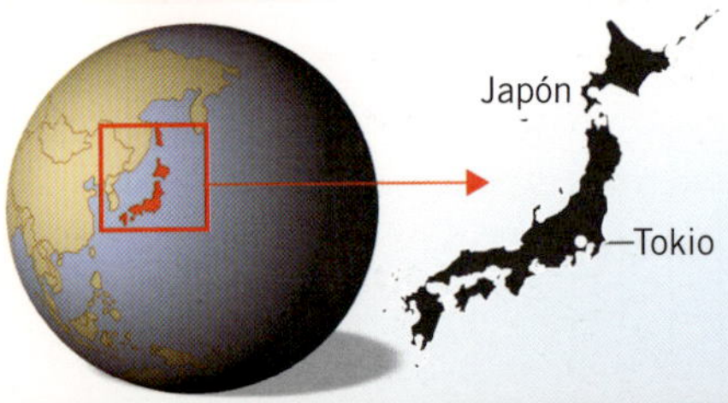

PORTAAVIONES USS 'HORNET'

- Desplazamiento: **29.000 t**
- Dotación: **2.900 hombres**
- Armamento: **8 cañones de 127 mm, 32 cañones de 20 mm, 90 aviones**
- Blindaje: **máxima de 100 mm**
- Velocidad: **32 nudos**

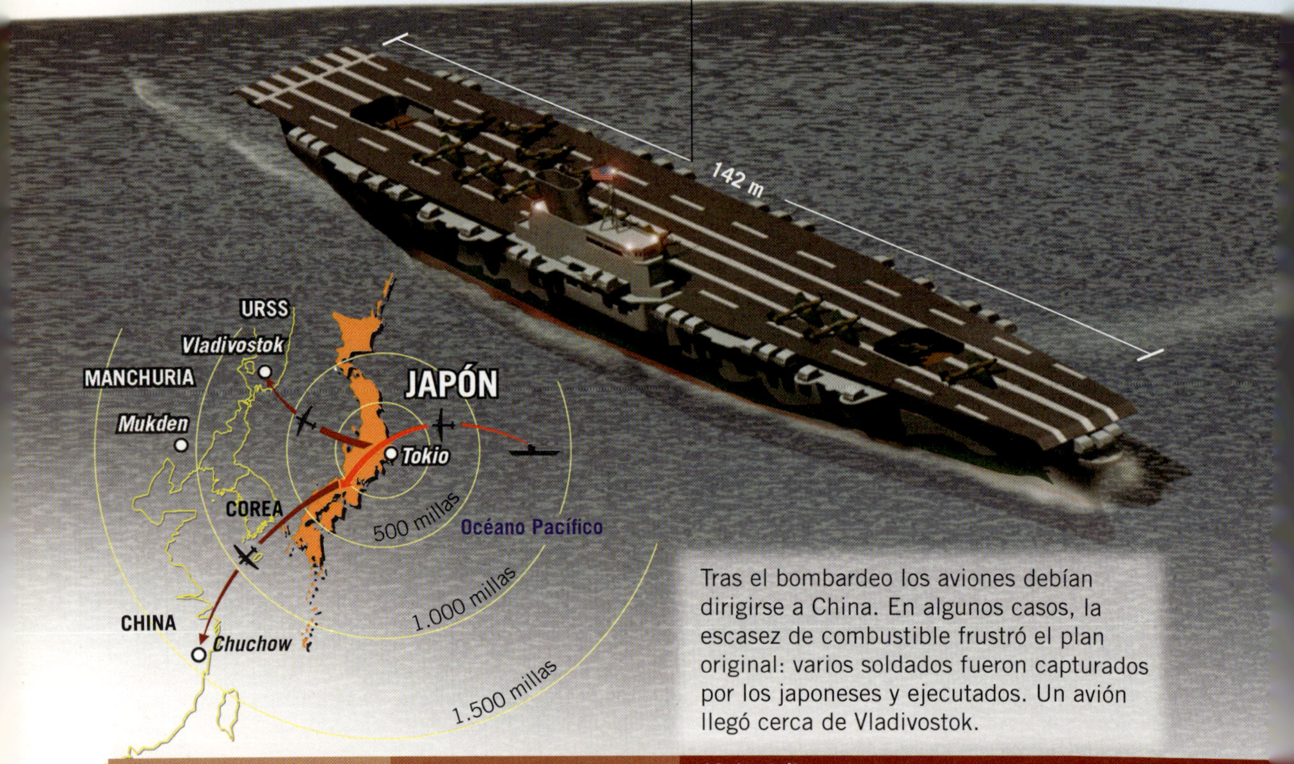

Tras el bombardeo los aviones debían dirigirse a China. En algunos casos, la escasez de combustible frustró el plan original: varios soldados fueron capturados por los japoneses y ejecutados. Un avión llegó cerca de Vladivostok.

1 de abril

Embarque de los 16 bombarderos en el USS *Hornet*.

2 de abril

La *Task Force* 18 sale hacia su objetivo.

18 de abril

Un pesquero japonés descubre a la fuerza americana a 650 millas de Japón y comunica su avistamiento por radio.

General Harold James "Jimmy" Doolittle.

Doolittle decide lanz el ataque 170 millas antes de lo planeado.

Fue la misión más larga realizada por un B-25 Mitchel, con unos 3.600 km.

BOMBARDERO B-25 MITCHEL

- Dotación: **6 hombres**
- Armamento: **6-8 ametralladoras, hasta 2.700 kg de bombas**
- Velocidad: **440 km/h**
- Techo: **7.800 m**
- Autonomía: **2.170 km**

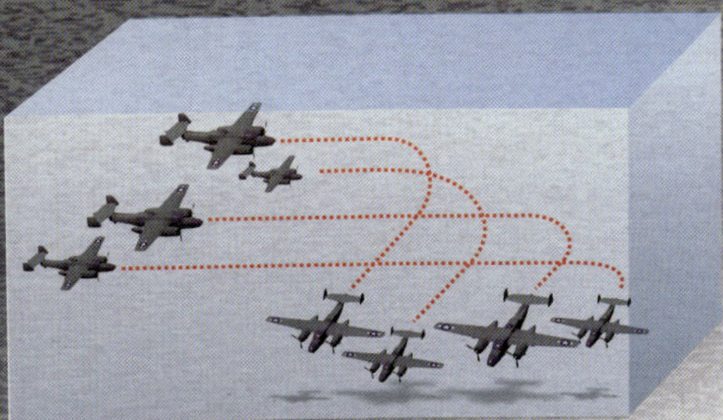

Los aviones volaron en grupos de 2 o 3 hasta acercarse a la costa, donde se pusieron en fila y descendieron a ras de las olas para evitar la detección.

Armamento de los bombarderos

- 4 bombas de 225 kg
- 3 bombas de alto explosivo
- 1 bomba incendiaria
- 3 ametralladoras
- Varias ametralladoras de madera para amedrentar

Despegan los 16 bombarderos.

Los B-25 bombardean blancos en Tokio, Yokohama, Yokosuka, Nagoya, Kobe y Osaka.

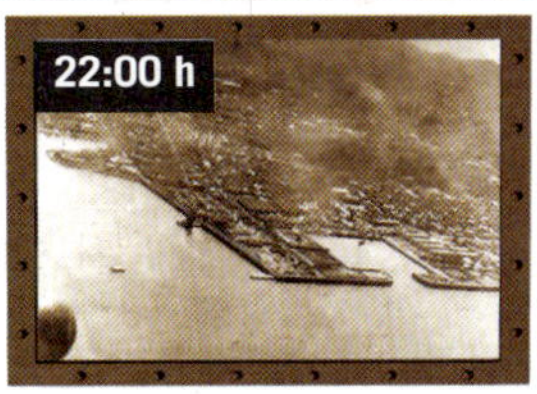

Los bombarderos realizan aterrizajes forzosos o se estrellan en China (uno en Vladivostok).

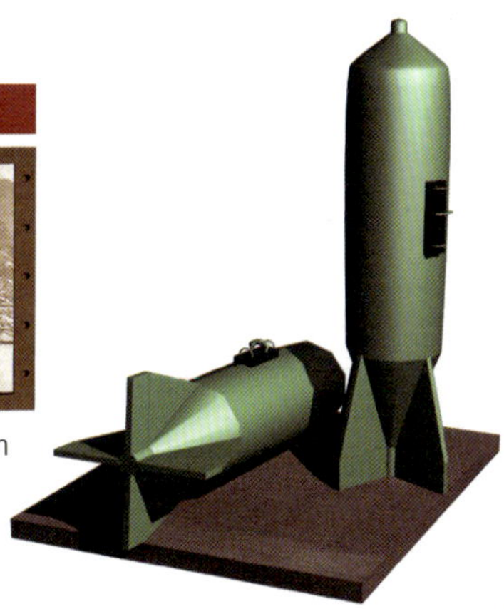

MONUMENTO CONMEMORATIVO erigido sobre el pecio del USS 'Arizona', que puede observarse nítidamente en esta vista aérea. Fue inaugurado en 1962.

En esta ocasión las defensas antiaéreas de Pearl Harbor, navales y terrestres, estaban perfectamente alertadas y un puñado de cazas estadounidenses pudieron despegar para oponerse a los aviones atacantes. Con estos escasos medios, los americanos obtuvieron un cierto éxito en comparación con el primer ataque aéreo, ya que en el segundo fueron derribados un total de seis cazas Mitsubishi A6M2b Zero y 14 bombarderos en picado Aichi D3A1 Val. Curiosamente no fue derribado ni uno solo de los aviones de bombardeo Nakajima B5N2 Kate.

A modo de resumen diremos que hay casi una absoluta unanimidad, por parte de los historiadores que han estudiado en profundidad la agresión japonesa sobre Pearl Harbor, en cuanto a los períodos de ejecución de los ataques aéreos nipones.

La primera fase se produjo entre las 07:55 h y las 08:25 h a cargo de los aviones torpederos, bombarderos en picado y bombarderos de altura, apoyados por los cazas en ataques a baja cota. Desde las 08:25 h a las 08:40 h se produjo una calma relativa, con intervención de algún aparato aislado. Desde las 08:40 h a las 09:15 h actuaron los bombarderos horizontales de la segunda oleada, seguidos de los bombarderos en picado hasta las 09:25 h, interviniendo, asimismo, los cazas en misiones de ametrallamiento a tierra. Durante este último período, tuvieron lugar los enfrentamientos aéreos descritos con anterioridad. La duración total de la agresión de los aviones

EL ACORAZADO USS 'PHOENIX' se aleja del puerto de Pearl Harbor tras el incendio del USS 'Arizona' el 7 de diciembre de 1941.

japoneses fue, por tanto, de una hora y cincuenta minutos. Sin duda los ataques más eficaces fueron los efectuados por los Nakajima B5N2 Kate provistos de torpedos, los que utilizaron un nuevo modelo que permitía su empleo en aguas poco profundas, tal y como era el caso de la bahía de Pearl Harbor. Por el contrario, los aparatos más castigados fueron los bombarderos en picado Aichi D3A1 Val, que sufrieron 15 bajas definitivas de aparatos y la muerte de 30 aviadores.

La fallida tercera oleada japonesa

El capitán de fragata Mitsuo Fuchida, jefe de la primera oleada japonesa, regresó al portaaviones *Akagi*. En cuanto su Nakajima B5N2 Kate se detuvo sobre la cubierta del buque insignia de la flota imperial japonesa, Fuchida descendió de la cabina del aparato y se dirigió apresuradamente al puente de mando para informar personalmente a sus jefes. En el estado mayor de la flota se discutía acaloradamente acerca de la conveniencia o no de realizar un tercer ataque aéreo. La llegada de Fuchida cortó la discusión para escuchar su informe. Tras el detallado parte de las operaciones proporcionado por el capitán de fragata Fuchida, el almirante Chuichi Nagumo dijo: "A la vista de los resultados, podemos concluir que se han logrado los objetivos previstos".

Como sus compañeros de los otros portaaviones japoneses, el capitán de corbeta Takahisa Amagai, oficial de vuelos del *Hiryu*, supervisaba el llenado de combustible y la recarga de municiones de los aviones de la dotación del navío. Entre todo el personal de la flota japonesa se daba por supuesto, cuando menos, la salida de una tercera oleada de asalto sobre la isla de Oahu. El teniente de navío Toshio Hashimoto, jefe de una de las

escuadrillas de bombarderos Nakajima B5N2 del portaaviones mencionado, informó a sus hombres que, muy probablemente, repetirían el ataque. Observó que alguno de sus aviadores palidecía, pero el ambiente general era de pleno entusiasmo.

En el puente de mando del *Akagi*, tras oír la opinión del almirante, Mitsuo Fuchida se esforzó en demostrar que era preciso ejecutar un tercer ataque aéreo. El oficial japonés argumentaba que todavía quedaban por destruir los depósitos de combustible de la base naval, así como los diques secos. Siguió señalando que los americanos se habían quedado prácticamente indefensos, y por último, expuso su baza definitiva: el tercer ataque debería atraer a los portaaviones norteamericanos y entonces, si la flota imperial japonesa se dirigía a las islas Marshall en lugar de tomar rumbo norte, podría atacar por la retaguardia y por sorpresa. "Se debe realizar otro ataque", insistió Fuchida ante el almirante Nagumo.

Pero el almirante jefe de estado mayor, vicealmirante Ryunosuye Kusaka, cortó su discurso y, dirigiéndose a Nagumo, le comunicó que había meditado detenidamente lo que debían hacer: "El ataque ha finalizado. Debemos retirarnos". Y el almirante Nagumo sentenció: "Sí. Nos retiramos".

Pocos minutos después, a las 13:30 h del día 7 de diciembre de 1941, las banderas de señales del *Akagi* transmitieron las órdenes de retirada al resto de los buques de la flota imperial, que comenzó la virada y puso proa al norte, rumbo al archipiélago japonés. Las exitosas operaciones de ataque sobre las islas Hawai habían finalizado.

Confusión y desastre

Cuando el último de los aviones japoneses hubo desaparecido del cielo de la isla de Oahu, alrededor de las 09:45 h, la confusión pareció adueñarse de la comandancia de la flota del Pacífico (CINCPAC, acrónimo de *Commander in Chief, Pacific Command*). Nadie conseguía ponerse de acuerdo acerca de la procedencia de los aviones atacantes. ¿Dónde estaban los portaaviones japoneses? Los mensajes contradictorios comenzaron a cruzarse. A las 09:42 h el almirante Kimmel envió un radiograma al portaaviones USS *Enterprise*, dirigido al almirante Hasley, indicándole que había indicios de que los buques enemigos se encontraban al noroeste del archipiélago de las Hawai. Ocho minutos más tarde la CINCPAC informaba, en sentido contrario, que dos portaaviones japoneses se hallaban a 30 millas al suroeste de Barbers Point. Estos mensajes contradictorios se sucedieron a lo largo de toda la jornada, sembrando la confusión. Los escasos buques norteamericanos disponibles, como el USS *St. Louis*, el USS *Phoenix* y el USS *Detroit*, además de una docena de destructores, anduvieron de acá para allá sin encontrar al enemigo.

Se intentó montar un servicio de reconocimiento aéreo, pero los hidroaviones idóneos para ello, los Consolidated PBY-5 Catalina, se encontraban inutilizados. En la estación aeronaval de Ford Island se tuvo que recurrir a los desarmados hidroaviones de usos generales del *Squadron* VJ-1, los Grumman J2F4 Duck y los Sikorsky JRS-1. Estos hidroaviones se utilizaban habitualmente en misiones de enlace, transporte, remolque de blancos o para fotografía aérea, pero no había otra cosa. Se organizaron tripulaciones improvisadas para volar en los inermes hidroaviones. El comandante Jacobs se dirigió a un grupo de radiotelegrafistas terrestres de la estación aeronaval, y señalándolos directamente con el dedo índice, dijo: "¡Necesito inmediatamente tres voluntarios, usted... usted... y usted...!". Fue así

RECREACIÓN DEL 'RAID' DE DOOLITTLE, primera incursión del ejército estadounidense sobre Japón el 18 abril de 1942 y que tenía como objetivo bombardear el centro industrial del país. El daño psicológico infligido a la moral de los soberbios japoneses fue infinitamente superior a las pérdidas materiales.

00261
CIORDIA

cómo el marinero radiotelegrafista Harry Mead se encontró, de pronto, volando como observador en uno de los hidroaviones. Otros compañeros llevaban en la cabina, como única defensa, un fusil ametrallador. Estos hidroaviones no encontraron nada de nada pero, al menos, dejaron claro que los portaaviones japoneses no se hallaban cerca de las islas Hawai.

En Ford Island también se procedió al rápido acondicionamiento de los nueve Douglas SBD-2 Dauntless llegados del USS *Enterprise*. Se armaron con bombas de 250 kg y a las 12:12 h estaban dispuestos para salir. Despegaron de Ford Island, bajo el mando del capitán de corbeta Halsteed Hopping, para realizar un vuelo de reconocimiento, por sectores, hasta 200 millas al norte de la isla de Oahu. En estos vuelos participaron los dos pilotos del USS *Enterprise* derribados por los japoneses, Dickinson y Dobson. Estos aviones también regresaron de vacío.

El US *Army Air Corps* puso en marcha el plan de cooperación aeronaval ejército-marina. Frederick Martin, jefe del mencionado cuerpo aéreo, ordenó que los aviones bajo su mando fuesen puestos a disposición de la *Pat Wing* 2, pero ningún jefe u oficial de esta unidad de reconocimiento marítimo dictó una orden de operaciones en este sentido. Fue entonces, a las 11:27 h, cuando el general Martin, al recibir el mensaje de que había dos portaaviones japoneses al sur de Barbers Point, ordenó salir a cuatro aviones de bombardeo ligero para efectuar otro vuelo de reconocimiento sobre el mar. Tampoco estos aparatos hallaron rastro de los buques japoneses. Por fin, por la tarde, la US *Navy* realizó una petición formal de cooperación al USAAC y, en esta ocasión, despegaron seis cuatrimotores Boeing B-17C Fortress en busca de un portaaviones japonés que, según algunos rumores, se encontraba a 65 millas al norte de Oahu. Un nuevo fiasco acompañó a los aviadores estadounidenses. Allí no había nada.

Cerca de las 19:30 h de aquel nefasto día 7 de diciembre, se produjo un último desastre para los norteamericanos. El portaaviones USS *Enterprise* se había unido a la búsqueda de la flota imperial japonesa y a media tarde se dispuso el despegue de seis cazas Grumman F4F Wildcat del *Squadron* VF-6, mandados por el *lieutenant* Fritz Hebel, que tras un largo e inútil vuelo de reconocimiento, se vieron rápidamente envueltos en la oscuridad más absoluta. Esta circunstancia hacía muy peligroso el aterrizaje de los aviones en la cubierta del navío y, por radio, se ordenó que los aparatos se dirigiesen directamente a la estación aeronaval de Ford Island.

ESTOS HIDROAVIONES NO ENCONTRARON NADA DE NADA PERO, AL MENOS, DEJARON CLARO QUE LOS PORTAAVIONES JAPONESES NO SE HALLABAN CERCA DE LAS ISLAS HAWAI

Hebel tuvo un mal presentimiento cuando se acercaba a la isla de Oahu. Pidió instrucciones a la torre de control y el oficial controlador aéreo le ordenó rutinariamente: "Encienda las luces, entre a la pista y proceda al aterrizaje".

Los cazas Grumman F4F Wildcat cruzaron el canal sur y viraron hacia las montañas para encarar la pista de Ford Island. Se había dado la orden de alto el fuego a las baterías y defensas antiaéreas. Pero, de pronto,

LA LLAMADA PARA SERVIR A LA PATRIA no se hizo esperar. Jóvenes norteamericanos se disponen a alistarse en la marina en las oficinas de Boston, Massachusetts, el día 8 de diciembre de 1941, poco después del ataque japonés.

un fusil automático BAR rompió el fuego, lo que fue seguido por el de otras armas antiaéreas terrestres, y finalizó con la entrada en fuego de las baterías antiaéreas de todos los buques atracados en Pearl Harbor.

El oscuro cielo de la bahía se iluminó con los proyectiles trazadores de todos los calibres imaginables. Fritz Hebel, muy angustiado, preguntó por radio: ¡Dios mío!, ¿qué sucede?". Nadie respondió. James Daniels, piloto de uno de los cazas navales, se lanzó en picado sobre el borde iluminado de la pista de aterrizaje con el objeto de cegar a los apuntadores. Lo logró y, en vuelo

EL OFICIAL DE CUBIERTA DE UN PORTAAVIONES norteamericano da la salida a un avión de bombardeo en picado Douglas SBD Dauntless, con dos ametralladoras de 7,62 mm.

rasante, se dirigió hacia Barbers Point. Pero otros compañeros no tuvieron tanta suerte como él. Eric Allen fue derribado sobre el agua, cerca de Pearl City y, aunque logró salir a flote, fue acribillado a balazos por fuego de tierra. Herb Menges cayó con su Grumman F4F Wildcat sobre un bar de Pearl City y resultó muerto. El propio jefe del escuadrón, Fritz Hebel, con su avión acribillado por la metralla, intentó aterrizar en el aeródromo de Wheeler Field, pero se estrelló con su aparato y encontró la muerte. Otro piloto, Gayle Hermann, también se lanzó en picado sobre Ford Island y consiguió aterrizar sin contratiempos. El otro aviador naval superviviente, James Daniels, esperó diez minutos y pidió instrucciones a la torre de control dc Ford Island. Esta vez el controlador fue muy prudente: "No encienda las luces y entre usted muy bajo".

Daniels así lo hizo y pudo aterrizar, por fin, en Ford Island. El fuego amigo había causado estragos en el desdichado *Squadron* VF-6. Sólo dos aviadores con sus aparatos salieron con bien de tan trágico error.

Tras esta última acción de la artillería antiaérea estadounidense, se cernió sobre Pearl Harbor la más completa oscuridad. "El día de la infamia" había concluido, con graves pérdidas norteamericanas. Se abría así el primer capítulo de la cruenta guerra entre Japón y los Estados Unidos de América en el teatro de operaciones del Pacífico. Una larga guerra que habría de durar casi cuatro años.

FLY

EL INTERNAMIENTO DE LOS JAPONESES EN ESTADOS UNIDOS

Tras el ataque japonés a Pearl Harbor, el 7 de diciembre de 1941, el teniente general John L. DeWitt fue el encargado de ejecutar la orden de internamiento, pese a considerar que "un ciudadano norteamericano es, después de todo, un ciudadano norteamericano".

Una de las primeras consecuencias del ataque a Pearl Harbor fue la decisión del gobierno de los Estados Unidos de América de internar en campos de concentración a los ciudadanos de origen japonés. Tal medida afectó no sólo a los inmigrantes sino también a los nacidos en los Estados Unidos residentes en la costa oeste, pues se les consideraba una amenaza para la seguridad nacional dadas las ansias expansionistas de Japón.

Tan histérica y desproporcionada medida fue originalmente rechazada por el ejército, pues consideró que ninguna necesidad militar justificaba tal conducta y que, en todo caso, correspondería al FBI vigilar a los posibles sospechosos. Pero el secretario de Guerra, Stimson, apoyado por diversos grupos de presión, logró que la idea del "japonés peligroso" se asentara en la sociedad norteamericana. En febrero de 1942, el presidente Roosevelt firmó

UN GRUPO DE JAPONESES NORTEAMERICANOS internados en un campo destinado a tal fin en California, a principios de 1942.

LOS "JAPONESES PELIGROSOS" fueron internados en campos de concentración en aplicación de un decreto de febrero de 1942. En la imagen, estacionamiento con los vehículos en los que llegaron los miles de japoneses de la costa oeste deportados.

el decreto que autorizaba la creación de una denominada "agencia de reubicación", con la misión de enviar y concentrar a los japoneses lejos de la costa oeste. Los afectados no tuvieron ninguna oportunidad para llevar su situación a los tribunales y reclamar el amparo de la justicia, pues se consideraba una medida de urgencia nacional.

En pocas semanas, unos 120.000 norteamericanos de origen japonés e inmigrantes japoneses fueron expulsados de sus hogares y enviados a diez campos de concentración. En ellos las condiciones de vida, a pesar de lo que proclamaban las autoridades, eran muy duras. Estaban rodeados de alambradas y torres de vigilancia, como una auténtica prisión. Las condiciones higiénico-sanitarias no eran adecuadas y muchos grupos familiares fueron separados.

Varios grupos sociales como la Unión Americana de Libertades Civiles cooperó en esta dramática farsa. No sería hasta finales de 1944 cuando el departamento de guerra anuló el decreto de febrero de 1942. Poco después, el Tribunal Supremo sentenció que la agencia no tenía autoridad para detener a ciudadanos estadounidenses por presunciones absurdas ni para reubicarlos. Pero ya era demasiado tarde para muchos japoneses. Sus negocios ya no existían y numerosas de sus casas habían sido ocupadas por otros norteamericanos, a menudo relacionados con el ejército o el departamento de defensa, sin que fuera posible recuperarlas. Las cifras de los muertos en los campos de internamiento debido a enfermedades como la tuberculosis no están claras, pero seguramente ascendieron a varios miles. La administración estadounidense tardaría décadas en reconocer la barbarie cometida y en pedir perdón.

Hay quien ha visto en esta medida una actitud racista por parte de la sociedad americana, pues no ocurrió nada parecido con los norteamericanos de origen alemán (muy numerosos en algunos estados) o italiano, o con los inmigrantes de ambas nacionalidades. Para muchos norteamericanos, especialmente los habitantes de zonas como los Midlands, un "japonés era un japonés". Realmente, la mayor (y casi la única) integración se había logrado, como ya era tradicional, en la costa este, especialmente en la zona de Nueva York. Incluso para políticos importantes, los orientales –especialmente los japoneses– eran tan inescrutables que resultaban peligrosos, cosa que no ocurría con el resto de los inmigrantes. [J.V.]

| LA GUERRA EN EL CINE |

Cartel original del filme *Tora! Tora! Tora!* (*¡Tora! ¡Tora! ¡Tora!*, 1970), dirigido por Richard Fleisher, Kenji Fukasaku y Toshio Masuda. Coproducción japonesa-norteamericana para recrear el ataque sorpresa por parte de los japoneses a la base aérea norteamericana de Pearl Harbor, en el Pacífico, el 7 de diciembre de 1941. El filme muestra el aumento de la tensión bélica entre Japón y Estados Unidos, así como los sucesos que precedieron a la ofensiva. Las posiciones políticas y las maniobras diplomáticas de ambos bandos se van intercalando a lo largo del filme. El director japonés Akira Kurosawa abandonó el rodaje a las pocas semanas de haberse iniciado y fue sustituido simultáneamente por Fukasaku y Masuda, responsables de las secuencias japonesas; Richard Fleisher se hizo cargo de la parte norteamericana. El título *¡Tora! ¡Tora! ¡Tora!* hace alusión al código utilizado por la armada imperial japonesa para transmitir el éxito conseguido en la primera oleada del ataque. A destacar las secuencias donde se enfrentan los Curtiss P-40 y los Mitsubishi A6M Zero. Los efectos especiales de la cuidada escena del ataque japonés resultan excelentes para la época, lejos de la artificiosidad que los medios técnicos otorgan a la versión moderna del director Michael Bay (*Pearl Harbor*, 2001).